So sah die Welt von oben aus

Historische Aufnahmen aus dem Zeppelin

Herausgegeben in Zusammenarbeit mit dem
Zeppelin Museum Friedrichshafen
und dem Archiv der Luftschiffbau Zeppelin GmbH

Hans Jürgen Hansen

So sah die Welt von oben aus

Historische Aufnahmen aus dem Zeppelin

Geleitwort
Wolfgang Meighörner

Seit 1789

Verlag E. S. Mittler & Sohn
Hamburg · Berlin · Bonn

Für die freundliche Hilfe bei der Realisierung dieses Buches
dankt der Verfasser Herrn Dr. Wolfgang Meighörner,
Direktor des Zeppelin Museums Friedrichshafen,
Frau Barbara Waibel, M.A.,
Archivarin und Bibliothekarin des Museums,
Frau Heike Vogel, Museumspädagogin sowie
Herrn Dipl. Ing. Klaus Hagenlocher,
Geschäftsführer der Zeppelin Luftschifftechnik GmbH,
Friedrichshafen.

Ein Gesamtverzeichnis der lieferbaren Titel der Verlagsgruppe
Koehler/Mittler schicken wir Ihnen gerne zu. Sie finden es aber
auch im Internet unter www.koehler-mittler.de.

Bibliografische Information Der Deutschen Bibliothek
Die Deutsche Bibliothek verzeichnet diese Publikation
in der Deutschen Nationalbibliografie; detaillierte bibliografische
Daten sind im Internet über http://dnb.ddb.de abrufbar.

ISBN 3-8132-0850-8

Druck und Bindung: Druckerei zu Altenburg
Printed in Germany

Inhalt

Der Blick von oben 7
„Graf Zeppelin" über Rom 9
Ferdinand Graf Zeppelin 10
Erster Aufstieg des LZ 1 11
Fahrgastraum der „Hansa" 12
Einstieg zur „Viktoria Luise" 12
Absturz des LZ 21 über England 12
Dr. Hugo Eckener 13
„Graf Zeppelin" am Ankermast 14
Traggastzelle der „Graf Zeppelin" 14
Maschinengondel der „Graf Zeppelin" 14
Fahrgastkabine der „Graf Zeppelin" 14
Abfahrtsplan nach Südamerika 14
Navigationsraum der „Graf Zeppelin" 15
Küche der „Graf Zeppelin" 15
Führerraum der „Graf Zeppelin" 15
Speisekarte von der „Graf Zeppelin" 15
Funkraum der „Graf Zeppelin" 15
Speiseraum der „Graf Zeppelin" 15
Seweraja Semlja in der Arktis 16
St. Paulsfelsen im Atlantik 17
„Graf Zeppelin" über Friedrichshafen 18
Friedrichshafen am Bodensee 18
Meersburg am Bodensee 19
Lindau im Bodensee 19
Schloß Wolfegg bei Ravensburg 20
Schloß Hohenzollern 20
Baden-Baden 20
Stuttgart 20/21
Heidelberg 21
Saarbrücken 22
Frankfurt am Main 23
Ronneburg in Hessen 24
Rhönlandschaft 24
Wiesbaden 25
Rhein mit Burg Katz und Loreley 25
Aachen 26
Köln 27
Düsseldorf, Graf-Adolf-Platz 28
Duisburg-Ruhrort 28
Essen 28/29
Bochum, Zentrum 30
Dortmund, Hansaplatz 30
Hannoversch Münden 31
Kassel 32/33
Münster in Westfalen 34
Hannover, Georgstraße 35
Braunschweig, Altstadt 36
Magdeburg, Altstadt 36
Bremen, Marktplatz 37
Bremen, Altstadt 38/39
Bremerhaven, Columbuskaje 40
Leuchtturm Roter Sand 40
Hamburg, City 41
Hamburg, Innenstadt 42/43
Schloß Glücksburg 44
Schulschiff „Großherzogin Elisabeth" 45
Linienschiff „Schlesien" vor Kiel 46
Lübeck, Trave und Burgtor 46/47
Lübeck, Marienkirche und Rathaus 47
Laboe, Marineehrenmal 47
Rostock, Marienkirche 48
Stralsund 49
Seebad Heringsdorf 49
Berlin, Schloß, Dom und Museum 50
Berlin, Reichstag, Siegessäule und Brandenbuger Tor 51
Berlin, Unter den Linden 52
Berlin, Leipziger Platz 53
Potsdam, Marktplatz 54
Danzig, Mottlau mit Krantor 55
Danzig, Altstadt 56/57
Marienburg 58
Königsberg 59
Tannenbergdenkmal 60
Masurische Seen 60
Allenstein in Ostpreußen 61
Gumbinnen in Ostpreußen 61
Breslau, Sandinsel und Dominsel 62
Dresden, Stadtmitte und Elbe 63
Moritzburg bei Dresden 64
Chemnitz, Altstadt 65
Leipzig, Altstadt 66
Nürnberg, Altstadt 67
Nördlingen 68
Die Walhalla bei Regensburg 68
Passau an Donau und Inn 69
Schloß Herrenchiemsee 70
München, Deutsches Museum 70
München, Frauenkirche 71
München, Marienplatz 72/73
Schaffhausen, Rheinfall 74
Luzern am Vierwaldstätter See 74
Zürich See- und Limmatufer 75
Stein am Rhein 75
Eiger, Mönch und Jungfrau 76
Schloß Chillon am Genfer See 76
Genf mit Rhonebrücken 76/77
Bern, Altstadt 78
Basel, Altstadt 78
Näfels im Linth-Tal mit Glärnisch 79
Mondsee im Salzkammergut 80
Festung Hohensalzburg 80
Salzburg, Dom 81
Wien, Hofburg, Heldenplatz und Museen 82

Wien, Stephansdom 83
Wien, Schloß Schönbrunn 84
Semmeringpaß 85
Graz, Schloßberg und Mur 86
Prag, Hradschin 87
Bukarest, Schloß Cotroceni 88
Sofia, Alexander-Newskij-Kathedrale 89
Kanal von Korinth 89
Jerusalem, Grabeskirche Christi 90
Kairo, Alabastermoschee 91
Gizeh, Pyramiden 91
Rom, Palatin und Colosseum 92
Rom, Viktor-Emanuel-Denkmal und Capitol 92
Rom, Peterskirche 93
Civitavecchia 94
Pisa, Dom und Schiefer Turm 95
Viareggio 95
Barcelona, Kirche Sagrada Familia 96
Barcelona, Weltausstellung 96
Malaga 97
Gibraltar 97
Tanger 98
Madeira 98
Las Palmas auf Gran Canaria 99
Passagierdampfer im Atlantik 99
St. Paulsfelsen im Atlantik 100
Recife 100
Vollschiff unter Segeln am Äquator 101
Bahia 101
Rio de Janeiro 102
Fernando do Noronha im Atlantik 102
Angra do Heroismo auf den Azoren 102
Lissabon 103
Sevilla 103
Santiago de Compostela 104
Das englische Seebad Brighton 105
London, Westminster 105
London, Charing Cross 106
London, St. Paul, City und Themse 107
London, Tower 108
Waterland in Holland 108
Utrecht, Altstadt 109
Rotterdam, Hafenanlagen 109
Amsterdam, Zentrum 110/111
Kopenhagen, Schloß Charlottenborg 112
Kopenhagen, Amalienborg 112
Egersund in Norwegen 113
Bergen mit Flöien 114
Hammerfest 115
Reykjavik 116
Vestrahorn auf Island 116
Gletscher auf Nowaja Semlja 117
Archangelsk am Weißen Meer 117
Reval/Tallinn in Lettland 118
Die alte russische Grenzfestung Narwa 118
Leningrad/St. Petersburg, Winterpalais 119
Moskau, Kreml 119
Der Jenessei-Strom in Sibirien 120
Irkutsk am Baikalsee 120
Japanische Küste 120
El Paso in Mexiko 121
Chicago 121
Washington 122
Philadelphia, Marinedocks 122
New York, Freiheitsstatue 123
New York, Manhattan 123
Zeppelin „Los Angeles" über New York 124/125
„Hindenburg" über Downtown New York 126
New York Blick aus der „Hindenburg" 126
Lakehurst, die brennende „Hindenburg" 127

Der Blick von oben

„Mit dem Flugzeug fliegt man und mit dem Luftschiff reist man" – so umschrieb ein leider namentlich nicht bekannter Zeppelin-Fahrgast in den Dreißiger Jahren eine für uns heute kaum mehr vorstellbare Reisekultur. Umsorgt von einer aufmerksamen Besatzung, verpflegt auf dem Niveau exzellenter Restaurants schwebte man in den Dreißiger Jahren in mehrtägigen Reisen von Kontinent zu Kontinent. Man schlief in komfortablen Kabinen und verbrachte den Tag in großzügigen Aufenthaltsräumen, deren Panoramafenster eine wundervolle Aussicht auf die lautlos vorbeiziehende Landschaft ermöglichten. Vibrationen oder Motorengeräusche gab es nicht, und die Größe der „Giganten der Lüfte" ließ sie für die Passagiere scheinbar vollkommen ruhig ihre Bahn am Himmel ziehen. Es war die exklusivste Art des Reisens. Dies spiegelte sich auch im Fahrpreis wieder; die einfache Passage nach Amerika kostete 1400 Reichsmark und entsprach so dem siebenfachen Monatslohn eines Facharbeiters. Aber die Luftschiffe waren auch die einzigen Luftfahrzeuge, die seinerzeit diese Strecke bewältigen konnten.

Nach dem genannten Komfort war es vor allem der 'Blick von oben', der das Reisen mit den Zeppelin-Luftschiffen so unnachahmlich machte. Und der Anblick des Zeppelins machte seinerseits einen großen Teil der emotionalen Wirkung auf die Zeitgenossen aus. Es war dieser Gegensatz aus Adoration – der Ansicht von unten – und dem Überlegenheit ausstrahlenden Blick aus der Überhöhung, der dazu beitrug, daß sich der Zeppelin in die Erinnerung der Passagiere ebenso unauslöschlich einprägte wie in diejenige der Betrachter am Boden. Und die Sicht aus dem Zeppelin ermöglichte auch im wörtlichen Sinne Einsicht in die Welt, die sich unter ihm abspulte wie ein Film. Die Zahl der Fotografien auf Städte und Landschaften ist Legion. Sie bieten heute die einzige Möglichkeit, den Blick auf Gemeinwesen zu werfen, die etwa durch Kriegseinwirkungen verloren gegangen sind. Die Luftschiffe allein boten den Platz und die Ruhe, Aufnahmen dieser Art und Qualität zu machen. Daß dies auch die Hersteller der entsprechenden Apparate so sahen und folglich diese Dokumentationen unterstützten und für ihre Werbung nutzten, belegen etwa die speziell angefertigte Kamera für die Arktisfahrt 1931 sowie der langjährige Erfahrungsaustausch, den der emsig fotografierende Luftschiffkapitän Hans von Schiller mit dem Leica-Erfinder Barnack pflegte.

Lange schien die Möglichkeit dieser Sicht auf die Erde für immer abgeschlossen.

Lange schien es, als ob die Vermassung des Luftverkehrs endgültig über die Reisekultur à la Zeppelin gesiegt hätte. Lang schien es, als ob der Primat der Passagierzahlen und der Geschwindigkeit Reisequalität und -genuß endgültig auf den Speicher der Luftfahrtgeschichte verbannt hätte.

Mit dem ersten Flug des Zeppelins Neuer Technologie im Herbst 1997 hat aber die Hoffnung wieder Auftrieb erhalten, daß auch am Himmel die „Wiederentdeckung der Langsamkeit" eine Entsprechung finden würde. Der Zeppelin NT wird dabei sicherlich nicht die Flugzeuge vom Himmel verdrängen, das kann und will er nicht leisten. Er wird aber die Möglichkeit bieten, im Rahmen von Passagierfahrten etwas von dem Flair des lautlosen und ruhigen Schwebens am Himmel wieder zu erleben und sicherlich auch eine Fortführung der ebenso ungewöhnlichen wie schönen und menschlichen Sicht von oben auf diese sich stetig verändernde Welt. Wo der vollkommen neu konstruierte Zeppelin seit der ersten Probefahrt am Himmel erscheint, stehen die Menschen und blicken wie in alten Tagen nach oben.

Die Legende lebt, die Legende begeistert noch immer mit ihrem Flair, und dies, obwohl sie mit ihren Vorgängern fast nur noch den Namen gemein hat.

Dr. Wolfgang Meighörner
Direktor
Zeppelin Museum Friedrichshafen

Es sei die angenehmste Art zu reisen gewesen, die es je gab, das bezeugten übereinstimmend alle, die einmal mit einem Zeppelin gefahren sind. Und German Zettel, der jahrelang Bordingenieur des Luftschiffes „Graf Zeppelin" war und als Besatzungsmitglied die Explosion der „Hindenburg" überlebte, mit der 1937 im New Yorker Luftschiffhafen Lakehurst eines der interessantesten und imponierendsten Kapitel neuerer Verkehrsgeschichte sein erschütterndes Ende fand, formulierte es noch entschiedener: Im Vergleich zu einer Fahrt im Zeppelin sei alle andere Art von Reisen, ob mit der Eisenbahn, dem Auto, zu Schiff oder mit dem Flugzeug, lediglich Menschenbeförderung.

An Bord der letzten Zeppeline gab es bequeme Fahrgastkabinen, Salon und Speiseraum, im Luftschiff „Hindenburg" sogar Promenadendecks, Lese-, Rauch- und Schreibzimmer. Es ratterte und ruckelte nicht wie im Zuge und schaukelte nicht wie auf See. Geschirr und Blumenvasen standen mangels Seeganges stets fest auf den Tischen. Die Küche war vorzüglich, man hatte genug Bewegungsfreiheit und brauchte nirgendwo, wie in Omnibus, Eisenbahn oder Flugzeug, eng gedrängt nebeneinander zu sitzen. Man genoß die Muße, las, unterhielt sich, hörte Radio. Im Salon der „Hindenburg" stand ein Flügel, der nicht nur benutzt wurde, wenn es abends bei gutem Wein Anlaß zu Feiern gab.

Auch der Pianist Wilhelm Kempff, der zu Konzertreisen nach Amerika gern mit dem Zeppelin fuhr, hat hier, dreihundert Meter über dem Atlantik, Klavier gespielt. Die Geräusche der weit von den Passagierräumen isoliert aufgehängten Motorengondeln waren, anders als das auf heutigen Flugreisen unvermeidbare Düsengedröhn, nur leise zu hören. Und wie aus einer Theaterloge auf die Bühne schaute man, im Sommer bei geöffnetem Fenster, hinunter auf die Szenerien der Städte und Landschaften, über die man in geringer Höhe dahinschwebte. Die oben wiedergegebene Aufnahme, die aus dem Luftschiff „Graf Zeppelin" über Rom gemacht wurde, vermittelt einen Begriff davon.

Diese Art zu reisen möglich gemacht und bereits 1874 in dem genauen Konzept eines „Ballonfahrzeuges" für die Beförderung von Post, Fracht und zwanzig Passagieren schriftlich niedergelegt hatte der 1838 in Konstanz am Bodensee geborene württembergische Kavallerieoffizier Ferdinand Graf von Zeppelin. Das Bild oben zeigt ihn in der Gondel eines seiner ersten Luftschiffe.

Er hatte 1863 als Beobachter am Amerikanischen Bürgerkrieg teilgenommen und in St. Paul, Minnesota, einen Freiballonaufstieg mitgemacht. Seitdem verfolgte ihn die Idee, dieses einzige Instrument, mit dem sich damals Menschen in die Luft erheben, aber nur in der Richtung des jeweils herrschenden Windes treiben lassen konnten, lenkbar und zugleich so groß zu machen, daß es mit wirtschaftlichem Nutzen Post und Fahrgäste befördern konnte.

1783 hatten die Brüder Montgolfier in Versailles in Gegenwart des französischen Hofes in einem mit erwärmter Luft gefüllten Ballon einen Hammel, eine Ente und einen Hahn aufsteigen lassen. Nach zehn Minuten endete diese erste Luftfahrt der Weltgeschichte. Noch im gleichen Jahr erhoben sich dann trotz königlichen Verbots als erste Menschen der Physiker Jacques Charles und sein Freund Roberts in einem von Charles konstruierten, mit Wasserstoff gefüllten Ballon in die Luft und legten bei günstigem Wind in vier Stunden 63 Kilometer zurück.

Dieser von Charles entwickelte Typ des kugelförmigen Freiballons, der mit einem Gas gefüllt ist, das leichter ist als Luft und mit einem Netz umgeben, an dem ein Korb als Gondel für die Mitfahrer hängt, hat sich im Prinzip nie verändert. Ballonsportfahrer in aller Welt benutzen ihn noch heute. Mit ihm wurde schon 1785 der Ärmelkanal überflogen. Im deutsch-französischen Krieg 1870/71 stiegen in der belagerten Festung Paris insgesamt 65 Freiballons auf und brachten zweieinhalb Millionen Briefe und zahlreiche Insassen sicher hinter die deutschen Linien, auch den Politiker Léon Gambetta, nachdem er die Dritte Französische Republik ausgerufen hatte.

Auch für die Erforschung der höheren Luftschichten, vor allem für Zwecke der Meteorologie, hat der Freiballon eine große Rolle gespielt; der Stratosphärenforscher Auguste Piccard erreichte 1932 mit einem von ihm konstruierten Ballon in einer Aluminiumgondel die damalige Weltrekordhöhe von 16.200 Metern, und sein Enkel hat 1999 als erster ohne Zwischenlandung mit dem Ballon die Erde umfahren.

Versuche jedoch, Ballons unabhängig von Luftströmungen zu lenken, scheiterten zunächst an der geringen Leistungsfähigkeit, vor allem am Gewicht der damals verfügbaren Antriebsmaschinen. Es gab erfolglose Versuche mit handbewegten Schaufelsegeln, ehe man dank der günstigen Ergebnisse des Schraubenantriebs in der Dampfschiffahrt, der die anfangs üblichen Schaufelräder mehr und mehr verdrängte, auch in der Luft den Propeller als aussichtsreichstes Instrument zur Fortbewegung erkannte. So rüstete 1852 Henry Giffard in Paris einen länglichen Luftballon mit einer auf eine Luftschraube wirkenden Dampfmaschine aus und erreichte vorübergehend Geschwindigkeiten von zehn Stundenkilometern, die jedoch nicht ausreichten, um auch nur gegen mäßigen Wind anzukommen. 1865 konstruierte der deutsche Ingenieur Paul Haenlein ein Ballonluftschiff, das durch einen Gasmotor angetrieben wurde, doch fehlte ihm zur Weiterführung seiner Versuche das Geld.

Im Jahr 1884 bauten die beiden französischen Offiziere Renard und Krebs ein in der Form dem Haenleinschen lenkbaren Ballon sehr ähnliches Luftschiff, an dem an Seilen eine lange Gondel hing. In dieser befand sich ein 8,5-PS-Elektromotor zum Antrieb eines großen zweiflügeligen Propellers. Die Seitensteuerung geschah durch eine zwischen Ballon und Gondel angebrachte starre Doppelfläche, die Höhensteuerung durch ein Laufgewicht, das je nach gewünschter Auf- oder Abstiegsrichtung zum vorderen oder hinteren Ende des Ballons bewegt werden konnte. Mit diesem Luftschiff erzielten die Erfinder eine Eigengeschwindigkeit von immerhin fast 24 Stundenkilometern und führten erfolgreich eine Reihe kleiner Fahrten durch. Doch auch sie gaben ihre Versuche auf in der Erkenntins, daß erst starke, leichte Motoren eine weitere Entwicklung ermöglichen würden.

Während alle diese „unstarren" Luftschiff-Konstruktionen nur reine, zwar ovale Ballons waren, die durch eingebaute, mit Druckluft gefüllte sogenannte Ballonnetts stets prall gehalten werden mußten, damit sie die zum Steuern unbedingt notwendige gleichmäßig-symmetrische Längsform behielten, schuf die Entdeckung des Leichtmetalls Aluminium bald die Voraussetzungen für eine andere technische Lösung.

Graf Zeppelin, der 1890 als General seinen Abschied genommen hatte, ging nun im Alter von 52 Jahren an die Verwirklichung dieser Lösung, die er schon 1874 skizziert hatte. Die Grundidee sah ein großes, langes Schiff vor, das aus einem starren Leichtmetallgerippe von Ringen und Längsträgern bestand. In diesem untergebracht sein sollten 18 voneinander unabhängige Gaszellen; eine äußere Stoffhülle sollte das Gerippe überspannen, Raum für Fracht, Post und Passagiere sich unter dem Tragkörper befinden.

1892 beauftragte Zeppelin den Diplom-Ingenieur Theodor Kober mit den Konstruktionsarbeiten; 1895 (Flugzeuge waren noch nicht erfunden) notierte er das angestrebte Ziel der geplanten Luftschiffe in seinem Tagebuch: Post- und Passagierdienst mit einer Kapazität von zwanzig Fahrgästen von Europa nach New York und Bombay, Erforschung der damals noch unbekannten Teile Afrikas und der Polargebiete.

Das starre System mußte bei großen, für Reisen auf lange Distanz vorgesehenen Schiffen für Manövrierbarkeit und Navigation gegenüber den „Prallschiffen" erhebliche Vorteile haben. Und die nötigen leichten, leistungsfähigen Maschinen gab es auch bald. Die jetzt rasche Fortschritte machende Automobilindustrie zeigte, daß nun in den von Daimler und Benz verwendeten Benzinmotoren auch für die Luftschiffahrt geeignete Antriebsmittel zur Verfügung standen.

Im Juni 1899 begann in Manzell am Bodensee der Bau von LZ 1, des ersten Zeppelin-Luftschiffes. Die Endmontage erfolgte in einer im See verankerten schwimmenden Halle. Das Bild unten links zeigt das nach manchen Schwierigkeiten glücklich fertiggestellte Schiff bei seinem ersten Aufstieg am 2. Juli 1900. Es war 128 Meter lang, hatte einen Durchmesser von 11,7 Metern und einen Gasinhalt von 11 300 Kubikmetern. In den beiden, mit einem Laufsteg verbundenen Gondeln waren je ein Daimlermotor mit 24,4 PS untergebracht, von denen lange Kardanwellen die Kraft auf insgesamt vier, an der Seite des Fahrzeuges angebrachte, Schiffspropellern ähnliche Luftschrauben übertrugen. Zur Steuerung in der Horizontalen dienten hinten und vorn angebrachte stoffbespannte Aluminiumrahmen, für die Vertikalsteuerung befanden sich an der Unterseite des Gerüstes vorn und hinten ähnliche Rahmen, die um eine horizontale Achse drehbar waren. Zur weiteren Manövrierbarkeit nach oben oder unten hing unter dem Laufsteg ein an einem Drahtseil verschiebbares, etwa 100 Kilogramm schweres Laufgewicht. Jede der 17 Gashüllen besaß unten ein selbsttätiges Überdruckventil, sechs von ihnen hatten oben angebrachte Manöverventile. Außer Graf Zeppelin selbst, der das Schiff führte, waren noch vier Personen an Bord. Nach achtzehn Minuten wasserte LZ 1 glatt auf dem Bodensee. Es gab Schwierigkeiten beim Einbringen in die Halle und einige Pannen während der anschließend ausgeführten Verbesserung, ehe im Oktober noch zwei weitere Fahrten stattfanden. Die längste dauerte fast zwei Stunden, die erreichte Geschwindigkeit betrug 28 Stundenkilometer, die größte Höhe fast 900 Meter. Dann waren die Geldmittel erschöpft.

Erst 1905, im wesentlichen finanziert durch die Einnahmen aus einer vom König von Württemberg geförderten Lotterie, konnte der in vielem verbesserte Neubau LZ 2, von gleichen Ausmaßen wie der Vorgänger, aber mit bedeutend stärkeren, von Maybach konstruierten Daimler-Motoren von je 85 PS fertiggestellt werden. Er wurde jedoch schon Anfang des nächsten Jahres nach einer Notlandung im Allgäu durch einen Sturm zerstört. Aber bereits im Oktober erreichte der zum Teil aus Trümmern von LZ 2 erbaute LZ 3 bei einer Probefahrt über 43 Stundenkilometer Geschwindigkeit und konnte im nächsten Jahr eine Dauerfahrt von acht Stunden absolvieren. An einer der Fahrten nahm auch der damalige Korrespondent der Frankfurter Zeitung, Dr. Hugo Eckener teil, der im Jahr darauf einer der engsten Mitarbeiter des Grafen Zeppelin wurde.

Der nächste Neubau, LZ 4, brachte den Durchbruch. Nach erfolgreichen Fahrten, von denen eine es für zwölf Stunden in die Schweiz führte, mußte dieses Schiff bei der Rückkehr von einer Rheinfahrt auf dem Gelände des heutigen Flughafens Stuttgart-Echterdingen notlanden und explodierte vor fünfzigtausend Zuschauern – wie ein Wunder ohne Verluste von Menschenleben. Der sich ruiniert glaubende Graf Zeppelin hatte zwei Monate später durch eine spontane Spendenaktion der deutschen Bevölkerung sechseinhalb Millionen Mark in der Hand. Die Verwirklichung seines Konzeptes ging nun planmäßig voran. Bis zum Ausbruch des Ersten Weltkrieges wurden insgesamt 21 weitere nun nach ihrem Erfinder benannte „Zeppeline" gebaut, die Mehrzahl für Heer und Marine.

Seit 1910 haben dann die Passagierluftschiffe LZ 8 „Deutschland", LZ 10 „Schwaben", LZ 11 „Viktoria Luise", LZ 13 „Hansa" und LZ 17 „Sachsen" mehr als 33000 Personen befördert, ihre Reisegeschwindigkeit betrug rund 75 Stundenkilometer, es gab einen festen Streckenplan mit den Sta-

tionen Friedrichshafen, das seit dem Jahre 1907 Standort der Zeppelin-Bauwerft war, Baden-Baden, Frankfurt am Main, Düsseldorf, Hamburg, Potsdam, Leipzig und Gotha. Im Juni 1912 beförderte die „Schwaben" die ersten Luftpostbriefe der deutschen Postgeschichte.

Das Bild oben zeigt einen Blick in den Fahrgastraum der „Hansa", das Bild rechts daneben Passagiere beim Besteigen der „Viktoria Luise".

Bei Ausbruch des Krieges im August 1914 wurde der Passagierverkehr der Zeppeline eingestellt, ihr Kampfeinsatz war dann äußerst verlustreich. Den sich nun rapide entwickelnden Flugzeugen gegenüber hatten sie den Nachteil, daß sie große, leicht zu treffende Ziele boten und bei Treffern zu leicht in Brand gerieten oder explodierten, besaßen jedoch den Vorteil der großen Reichweite. An Ost- und Westfront wurden sie erfolgreich zur Aufklärung eingesetzt, insgesamt unternahmen sie 37 Bombenangriffe auf England.

Wegen der ständig wirksamer werdenden Abwehr mußten sie aber in immer größeren Höhen fliegen. London, das Hauptangriffsziel, war im Kriege hervorragend verdunkelt, und man ließ die Luftschiffe meist weit an die Stadt herankommen, um sie dann plötzlich konzentriert mit Scheinwerfern zu erfassen. Die Sprenggranaten der Flakbatterien beschädigten dann die Schiffe oft so stark, daß die Gasverluste sie zur Strandung zwangen. Das kostete verhältnismäßig wenig Menschenleben. Bei Treffern durch Brandgeschosse jedoch entzündete sich das Wasserstoffgas sofort, und das Schiff stürzte mit dem Bug nach unten ohne Rettungsaussichten für die Besatzung ab. Das Bild rechts unten zeigt eine Aufnahme des am dritten September 1916 bei Chuffley über England abstürzenden Luftschiffes LZ 21.

87 Neubauten entstanden bis zum Waffenstillstand, dann mußten auf Grund des Versailler Vertrages alle Zeppeline an die Siegermächte England, Frankreich, Italien, Japan und USA abgeliefert werden. Letzten Endes hatte sich die Untauglichkeit des Luftschiffes für künftige Kriege erwiesen, ganz im Gegenteil zu der des Flugzeugs. Aber als Graf Zeppelin 1917 mitten im Kriege starb, war auch klar, daß seine Luftschiffe nun reif waren, dank der gesammelten Erfahrungen im Frieden den von ihm angestrebten interkontinentalen Post- und Passagierverkehr aufzunehmen.

Zeppeline hatten Höhen bis zu 7600 Meter erreicht, Langstreckenfahrten von mehr als hundert Stunden Dauer hatten stattgefunden, insgesamt waren im Kriege rund zweieinhalb Millionen Kilometer zurückgelegt worden. Das war die fünfzehnfache Gesamtstrecke aller Vorkriegesfahrten von Zeppelinen. Die Reisegeschwindigkeiten von knapp 80 Stundenkilometer war bis 135 Stundenkilometer gestiegen und lag damit wesentlich höher als das Tempo der Eisenbahnexpreßzüge, die damals noch immer das konkurrenzlos schnellste Fernverkehrsmittel waren. L 59 war 1917 ohne Zwischenlandung von Bulgarien bis westlich Khartum in Afrika und zurück gefahren, insgesamt 6750 Kilometer in 95 Stunden, das waren einige hundert Kilometer mehr als die Strecke Berlin – New York. Schon im Juli 1919 überquerte R 34, ein englischer Nachbau des im Kriege bei London notgelandeten Zeppelins L 33, den Atlantik von England nach New York und zurück.

So waren denn technisch alle Vorrausetzungen erfüllt, die Pläne des Grafen Zeppelin zu verwirklichen. Die Chance bot sich, als es Dr. Eckener gelang, das als Reparationsleistung für die Vereinigten Staaten gebaute Luftschiff LZ 126 im August 1924 wohlbehalten von Friedrichshafen in Non-Stop-Fahrt nach New York zu bringen. Das Bild rechts zeigt Dr. Eckener am Fenster des Luftschiffes LZ 126, das in den USA die Bezeichnung ZR III und den Namen „ Los Angeles" erhielt.

Vier Jahre später war das Luftschiff LZ 127 „Graf Zeppelin" in Dienst gestellt. Am 15. Oktober 1928 landete es mit Passagieren zum erstenmal in Lakehurst bei New York. Es war 237 Meter lang und über 30 Meter breit und besaß fünf Maybach-Motoren von zusammen 2650 PS Leistung.

Das Luftschiff „Graf Zeppelin" hat dann fast neun Jahre im Dienst gestanden, hat in dieser Zeit insgesamt 590 Fahrten gemacht, dabei allein 144mal den Atlantik überquert und praktisch den Weg bereitet für den weltweiten Luftverkehr und Flugtourismus unserer Tage.

Seit dem März 1936 stand ihm das noch größere und komfortablere Schiff „Hindenburg" zur Seite. Es war noch fast zehn Meter länger und zehn Meter breiter als „Graf Zepplin" und konnte zuletzt 72 Passagiere unterbringen. Seine vier Daimler-Dieselmotoren leisteten 4200 PS. Aber seine Traggaszellen wurden wie die aller vorherigen Zeppeline mit Wasserstoff gefüllt und nicht mit dem teuren, nur aus den USA schwer zu beschaffenden, unbrennbaren Helium.

Nach 63 erfolgreichen Fahrten explodierte das Schiff bei der Landung in Lakehurst. Für die schnellste Ozeanüberquerung hatte es von New York nach Frankfurt am Main fast 43 Stunden gebraucht, das war immerhin die halbe Zeit der damals von Southampton bis New York durchschnittlich 86 Stunden gebrauchenden Ozean-Schnelldampfer. Ein Jahr später flog das viermotorige Langstreckenverkehrsflugzeug FW 200 „Condor" in knapp 25 Stunden ohne Zwischenlandung von Berlin nach New York. Zurück brauchte es sogar weniger als 20 Stunden. Das waren neue Geschwindigkeitsweltrekorde für die Atlantiküberquerung. Es war klar, daß auch ohne die Katastrophe von Lakehurst die Zeit der Zeppeline ebenso wie die der Überseeschnelldampfer durch schnellere Interkontinentalflugzeuge ein absehbares Ende gefunden hätte.

Ein Jahr später brach der Zweite Weltkrieg aus. Der seit 1937 aus dem Verkehr gezogene „Graf Zeppelin" und das 1938 in Betrieb genommene (aber nicht mehr zu Passagierfahrten eingesetzte) Schwesterschiff der „Hindenburg" LZ 130, wurde 1940 auf Befehl des Luftwaffenchefs Göring zu Aluminiumschrott zertrümmert.

Doch bald lag mehr in Trümmern als die beiden letzten Zeppeline: eine Welt, die in zahlreichen Aufnahmen aus den Fenstern der Luftschiffe photographiert worden war. Eine ganze Reihe dieser Bilder ist erhalten geblieben und auf den folgenden Seiten reproduziert. Bei ihrer Auffindung, Lokalisierung und Datierung halfen in freundlicher Weise Frau Frieda Wilcke, von deren Vater Oskar Wilcke, eines langjährigen Mitarbeiters des Grafen Zeppelin, viele der verwendeten Luftaufnahmen stammen, sowie die Zeppelin-Veteranen German Zettel und Kapitän Hans von Schiller, der etliche der Bilder selbst photographierte und auch das Luftschiff „Graf Zeppelin" auf der letzten Zeppelinreise der Weltgeschichte von Rio nach Friedrichshafen geführt hat.

Den Gesprächen mit ihm, der einer der bemerkenswertesten Persönlichkeiten aus der hier anschaulich gemachten Epoche der Luftschiffahrt gewesen ist, verdankt der Verfasser wesentlich das Zustandekommen dieses Buches.

Das Bild oben zeigt das Luftschiff „Graf Zeppelin" am Ankermast in Löwental bei Friedrichshafen. Es war mit der Bugspitze am drehbaren Mastkopf auf einem Schienenwagen befestigt und somit in Richtung des Windes drehbar.

Das Bild oben gibt eine der 17 im Körper des Luftschiffes „Graf Zepplin" untergebrachten Traggaszellen wieder. Durch ein Sicherheitsventil unten konnte bei Überdruck Gas entweichen. Einige der Zellen hatten außerdem oben regulierbare Ventile zum Manövrieren und Trimmen. Bei schwerem Schiff wurde Ballastwasser, bei leichtem Traggas durch die Manöverventile abgegeben.

Das obige Bild von der Steuerbordmaschinengondel des Luftschiffes „Graf Zepplin" zeigt deutlich die zusammenklappbare Leiter, die von der Gondel zur Schiffsluke emporführt. Dank dieses Zugangs konnten die Motoren während der Fahrt gewartet und bei Schäden auch repariert werden.

Das Bild unten zeigt einen Blick in eine der Fahrgastkabinen des LZ 127. Die Betten wurden bei Tag in bequeme Sofas umgewandelt. Aus den Fenstern hatte man stets freien Blick auf die unten in geringer Tiefe vorbeiziehende Landschaft.

Zeppeline konnten bei ruhigem Wetter auf jeder Wasserfläche niedergehen. Dabei ruhte das Schiff auf einem unter der Führergondel befindlichen Puffer und wurde durch einen Treibanker, wie er auch in der Seefahrt üblich ist, in Windrichtung gehalten. Auf dem Photo sieht man es.

Das Bild darunter zeigt die Ankündigung der Südamerikafahrt des „Graf Zepplin" am 8. Dezember 1934. Der Fahrpreis betrug 1400 Reichsmark; eine Rückfahrt Frankfurt – New York mit dem Luftschiff „Hindenburg" kostete 2900 Reichsmark, für die Weltreise im Jahre 1929 wurden für die außer Journalisten und Behördenvertretern zur Verfügung stehenden zwei Fahrgastplätze je 40 000 Mark bezahlt.

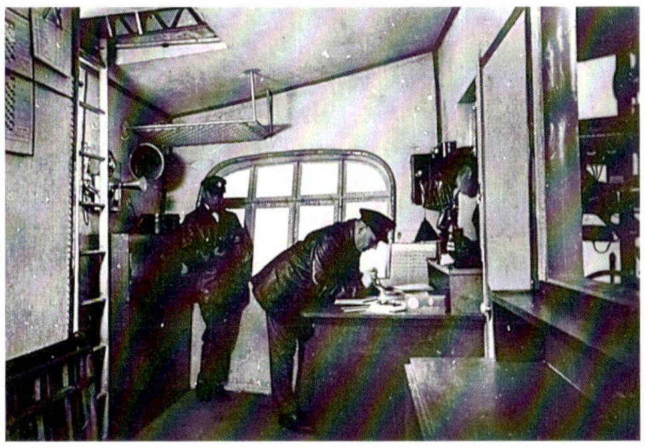

Einen Blick in den Navigationsraum des Luftschiffes „Graf Zeppelin" gibt das Bild oben wieder. Über See orientierte man sich überwiegend nach einschlägigen Seekarten und nach den Leuchtfeuern der Küste.

Viele später im Flugverkehr selbstverständliche Einrichtungen wie Echolot, Kreiselkompaß oder Funknavigation sind zum ersten Mal im Zeppelin erprobt worden. Das Bild unten zeigt einen Blick in die Küche des Luftschiffes. Der Heizstrom für den elektrischen Kochherd wurde durch einen vom Fahrtwind getriebenen Generator erzeugt.

Das Bild oben zeigt einen Blick in den im vorderen Teil der Gondel befindlichen Führerraum des Luftschiffes. Links wird das Seitensteuer bedient, rechts das Höhensteuer. Am Querträger darüber befinden sich die Gas- und Wasserballastzüge.

Die Abbildung oben zeigt eine Wiedergabe der Speisekarte eines Mittagessens an Bord des Luftschiffes „Graf Zeppelin" während einer Mittelmeerfahrt.

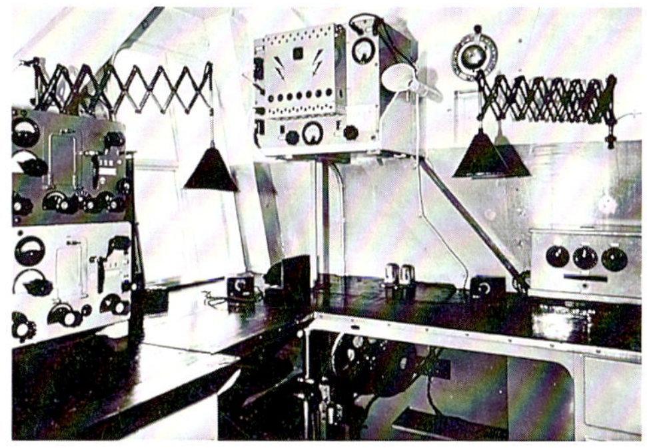

Das Bild oben gibt einen Blick in den Funkraum von LZ 127 wieder. Vorn links steht ein Langwellenempfänger, in der Mitte oben ein 50-Watt-Kurzwellensender und darunter rechts der Kurzwellenempfänger. Zur Funkanlage gehörte außerdem eine Peileinrichtung, die im Bug des Schiffes untergebracht war. Die bis 120 Meter langen Kupferdrahtantennen hingen, mit Gewichten beschwert, vom Rumpf herab und wurden vor der Landung hochgewunden.

Das Bild unten zeigt eine Ecke vom Speiseraum des Luftschiffes „Graf Zeppelin" mit einem der großen Aussichtsfenster.

Bei jedem nur denkbaren Wetter, in allen Klimazonen der Erde bewährte sich der Zeppelin. Auf 82 Grad nördlicher Breite, knapp 900 Kilometer vom Nordpol entfernt, wurde über dem erst 1911 entdeckten russischen Polararchipel Seweraja Semlja im Juli 1931 frühmorgens die links wiedergegebene Aufnahme aus dem Fenster des „Graf Zeppelin" gemacht. Unter ewigem Eis und Schnee, von Gletschern durchzogen, liegt das bis zu tausend Meter hohe Bergland der Inselgruppe.

Das Bild oben dagegen wurde aus dem gleichen Fenster nur rund hundert Kilometer vom Äquator über dem St. Paulsfelsen im Atlantik während einer der regelmäßigen Südamerikafahrten des Luftschiffes aufgenommen.

Von Friedrichshafen und später auch von Frankfurt am Main aus nahmen die meisten Zeppelinreisen ihren Anfang.

Das Bild links zeigt das Luftschiff „Graf Zeppelin" nach dem Aufstieg über Friedrichshafen. Im Vordergrund liegt die Stadt mit den beiden Türmen der Schloßkirche, dahinter sieht man den Bodensee und das gegenüberliegende schweizerische Ufer.

Aus der Gondel des Luftschiffes geht der Blick von oben auf Friedrichshafen, wie ihn die unten wiedergegebene Aufnahme aus dem Jahre 1930 zeigt. Vorn sieht man die Altstadt mit dem Dampferhafen, links den Hafen für die Motorboote und am Ende der Bucht den Yachthafen. Friedrichshafen hatte damals rund 25 000 Einwohner und war als Stadt der Zeppeline weltberühmt.

Das Bild oben zeigt Meersburg am Bodensee mit dem Hafen im Vordergrund und der sich links davon am Ufer entlangziehenden Unterstadt. Über dieser erhebt sich das Alte Schloß, dahinter die Oberstadt und weiter rechts das barocke Neue Schloß, einst Residenz der Bischöfe von Konstanz. Meersburg hat sich ohne Kriegszerstörungen in diesem alten Kern erhalten. Die hier noch von Feldern bedeckte Umgebung ist jetzt weitgehend bebaut.

Über dem Bodensee wurde, ebenfalls um 1930, vom Zeppelin aus die rechte Aufnahme von Lindau gemacht. Genau zu erkennen ist die Insellage der Altstadt mit dem Eisenbahndamm, der vom Festland hinüber führt, dahinter die Straßenbrücke.

Auf dem Bild oben links von 1930 erscheint der Schatten des „Graf Zeppelin" neben Schloß Wolfegg bei Ravensburg.

Die Aufnahme darunter zeigt das Schloß Hohenzollern, und links ist ein Blick von der „Viktoria Luise" auf Baden-Baden aus dem Jahre 1912 wiedergegeben, wo es damals schon einen der ersten Zeppelinhäfen mit Luftschiffhalle gab. Man sieht im Hintergrund den Komplex des Neuen Schlosses, davor den Kuppelbau des Friedrichbades und links dahinter die Stiftskirche.

Auf dem obigen, 1928 entstandenen Luftbild von Stuttgart ist am Oberrand der damals gerade vollendete, als Muster moderner Architektur geltende Hauptbahnhof

sichtbar. Rechts davor liegen Neues und Altes Schloß, dann die Altstadt und ganz vorn das für die klassische Moderne ebenfalls charakteristische Tagblatt-Turmhaus.

Das von Bombenschäden verschont gebliebene Heidelberg bietet heute noch einen ähnlichen Anblick wie rechts auf dem Photo von 1930. Am Neckarstaden sind nur Fußgänger auszumachen, aber keine Autos, in der Bildmitte die Heiliggeistkirche, darüber das 1689 zerstörte Schloß. Auf dieses bezogen, hieß es nach dem Kriege, man sei einst aus heilen Städten zur Besichtigung einer Ruine nach Heidelberg gefahren, nun dagegen komme man aus Ruinen hierher, um eine heile Stadt zu sehen.

Die Aufnahme links zeigt das Zentrum der Stadt Saarbrücken, der Hauptstadt des 1935 dem Deutschen Reich wieder eingegliederten Saargebiets, die im Kriege stark zerstört wurde. Im Vordergrund ist der Hauptbahnhof mit den Gleisanlagen sichtbar, oben im Bild die Saar mit Kohlenkähnen. Der nach rechts unten verlaufende Seitenarm des Flusses ist heute zugeschüttet; hier steht jetzt die Kongreßhalle.

Das oben reproduzierte, älteste noch existierende Luftbild von Frankfurt am Main, wo neben Friedrichshafen der bedeutendste Luftschiffhafen mit zwei großen Hallen und einem fahrbaren Ankermast bestand, der in den letzten Jahren der Zeppelinfahrt Start- und Landeplatz der Überseereisen nach Nord- und Südamerika war, wurde bereits um 1910 während einer der ersten Zeppelinfahrten an den Main aufgenommen. In der Mitte überragt der Dom das Häusermeer der Altstadt, das 1945 in Trümmern lag. Hinter ihm führt die Alte Mainbrücke über den Fluß. Der Platz unweit des Randes rechts ist der Römerberg, begrenzt durch die Nikolaikirche und den mit seinen drei Dächern und Treppengiebeln erkennbaren Römer, einst Krönungsstätte der deutschen Kaiser. Weiter rechts vorn steht die Paulskirche, Sitz der Nationalversammlung im Revolutionsjahr 1848. Von beiden historischen Bauwerken, Symbol des Kaisertums das eine, der Demokratie das andere, blieben nur die Außenmauern mit leeren Fensterhöhlen. Sie sind längst wiederhergestellt, und auch der Schutt, der das ganze hier sichtbare Areal bedeckte, ist geräumt und hat moderner und höherer Bebauung Platz gemacht, wenn auch nicht so riesigen Wolkenkratzern, wie sie in anderen Teilen der heutigen europäischen Finanzmetropole Frankfurt emporwuchsen.

Wenig belebte Landstraßen, großenteils noch ohne Asphalt, hin und wieder Pferdefuhrwerke, kaum Automobile, das war das Bild der deutschen ländlichen Gebiete, die der Zeppelin überflog. Das ruhig und tief über die Landschaft schwebende Luftschiff vermittelte aus den großen Fenstern der Passagiergondeln Eindrücke von der Schönheit der Landschaft, die heute aus den schnell und hoch fliegenden modernen Flugzeugen nicht mehr zu gewinnen sind.

Die vom „Graf Zeppelin" aus aufgenommenen Bilder zeigen oben die Ronneburg in Oberhessen, links ein Dorf in der Rhön und rechts im Gegenlicht der Sonne den Rhein mit Burg Katz auf bewaldeter Höhe im Vordergrund, St. Goarshausen darunter am Ufer und der in den Strom hineinragenden Loreley am linken Bildrand.

Die rechts wiedergegebene Luftaufnahme von Wiesbaden wurde 1912 aus der Gondel der „Viktoria Luise" gemacht, deren Seitenwand am Rande zu sehen ist. Man sieht das Zentrum des weltberühmten Bades mit den hier entspringenden und seit der Römerzeit genutzten Heilquellen. Den Vordergrund beherrscht das Kurhaus, zu beiden Seiten flankiert von den Kolonnaden mit ihren eleganten Ladengeschäften, links daneben liegt das Theater. Geradeaus geht der Blick über den Kursaalplatz zum Kaiser-Friedrich-Platz, der quer von der breiten Wilhelmstraße durchschnitten wird. Hinter dieser erkennt man links die neugotische Evangelische Kirche.

Auch die Stadt Aachen erlitt schwere Kriegsverwüstungen. Auf dem Bild oben ist sie noch unzerstört: im Vordergrund liegt der Marktplatz mit dem Rathaus, dahinter, mit dem karolingischen Zentralbau in der Mitte, das Münster, in dem sich das Grab Karls des Großen befindet und bis zum Mittelalter die deutschen Könige gekrönt wurden. Im Hintergrund links erkennt man die Säulenfassade des Theaters, in dem damals, Anfang der dreißiger Jahre, ein junger Dirigent mit Namen Herbert von Karajan seine Laufbahn begann.

Eine der ältesten, noch vor dem Ersten Weltkrieg gemachten Aufnahmen von Bord eines Zeppelins ist die rechts wiedergegebene Ansicht von Köln, wahrscheinlich das früheste Luftbild der Stadt überhaupt. Am linken Bildrand führt die 1908 gebaute Hohenzollernbrücke über den Rhein zum Hauptbahnhof, vor diesem steht die Jesuitenkirche. Die Mitte des Bildes beherrscht der Dom, der 1227 begonnen und nach einer Bauphase von fast 300 Jahren erst 1888, 25 Jahre bevor dieses Bild entstand, vollendet wurde. Im Vordergrund rechts erkennbar ist die Andreaskirche, rechts hinter dem Dom am Rheinufer die Kirche Groß-St. Martin. Alle diese Kirchen wurden bis auf den Dom, wie sämtliche auf diesem Bilde sichtbaren Gebäude, im letzten Kriege schwer zerstört. Die Schiffsbrücke im Hintergrund stammte noch aus der ersten Hälfte des 19. Jahrhunderts und wurde vor 1913 durch eine Hängebrücke ersetzt, die später nach dem Reichspräsidenten Hindenburg benannt wurde. Beim Herannahen der Alliierten 1945 hat man sie gesprengt; heute steht dort die neue Deutzer Brücke.

Ein Blick aus dem Zeppelin im Jahre 1930 auf den Graf-Adolf-Platz, den Düsseldorfer Verkehrsmittelpunkt, zeigt das Bild oben links. Straßenbahnen dominieren, die wenigen Kraftfahrzeuge sind nicht zahlreicher als die Pferdegespanne, und für die Fußgänger war es offensichtlich ungefährlich, die Staße zu überqueren. Hier beginnt, vom Bildrand nach links weisend, die

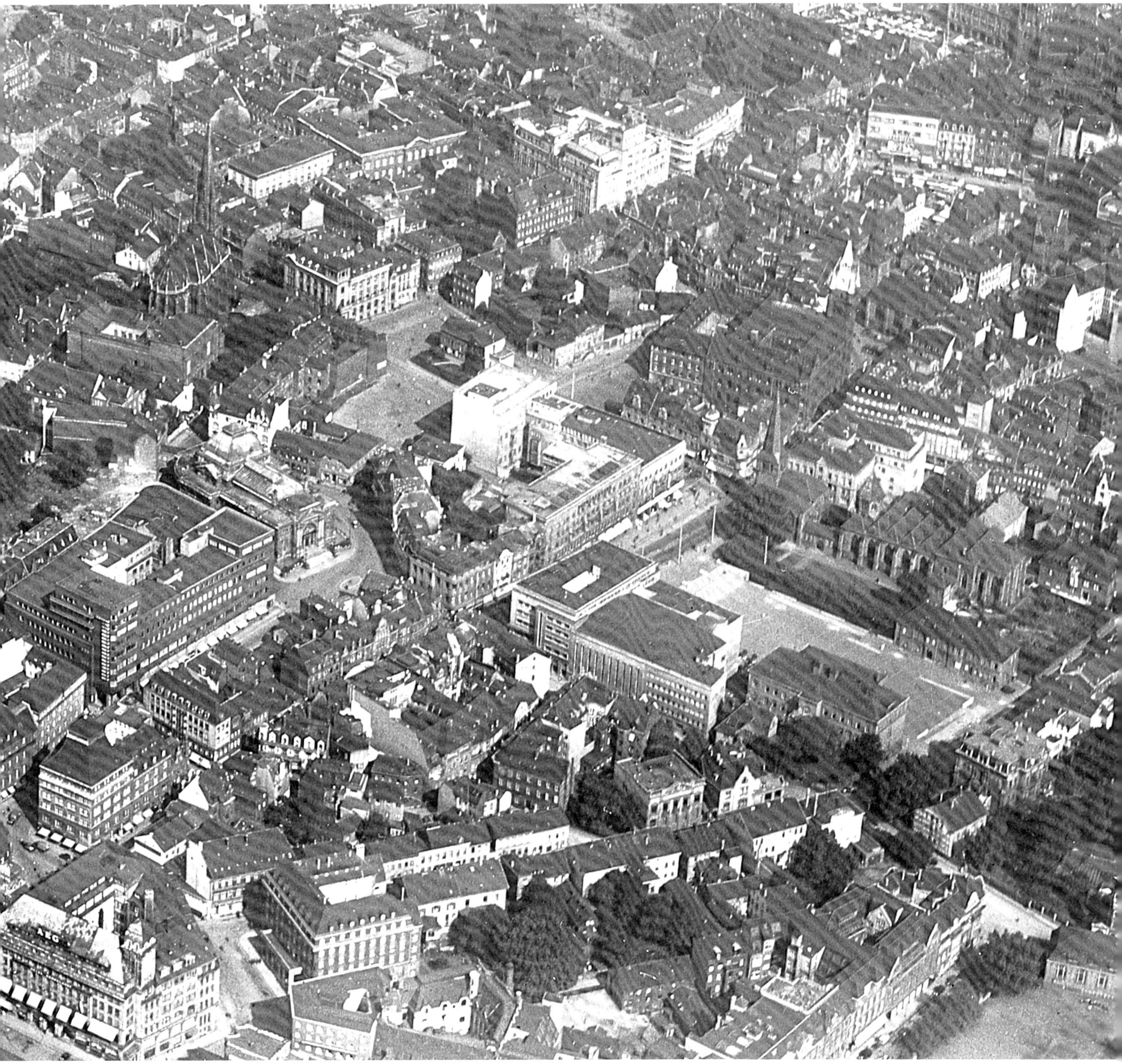

Königsallee; rechts oben im Bild sieht man den Kuppelbau des Schauspielhauses.

Das Luftbild links vom größten europäischen Binnenhafen Duisburg-Ruhrort entstand 1929. Am Rande sieht man die mit Schleppkähnen belegte Ruhr und daneben Hafenbecken und Kanalzufahrten zum Rhein münden, über den im Hintergrund die Homberger Brücke führt.

Das Zentrum von Essen erscheint auf der Luftaufnahme oben im Jahre 1930 noch unversehrt von den Zerstörungen des Bombenkrieges. Das dann wie die meisten hier sichtbaren Gebäude ausgebrannte Münster, die Urzelle der Stadt, mit dem Burgplatz davor und dem Rathaus dahinter, liegt in der Mitte rechts. Etwas weiter links erkennt man Kuppel und Portal des Theaters, rückwärts die Josephkirche. Vom Münster führen Burgstraße und anschließend Kettwigerstraße nach links unten, wo vor der hellen Ecke des Postamtes eine Straßenbahn entlangfährt. Diesseits parken gegenüber dem markisenbewehrten Hotel Handelshof vor dem außerhalb des Bildes befindlichen Hauptbahnhof ein paar Taxis, nahezu die einzigen Autos, die man in der Stadt sieht.

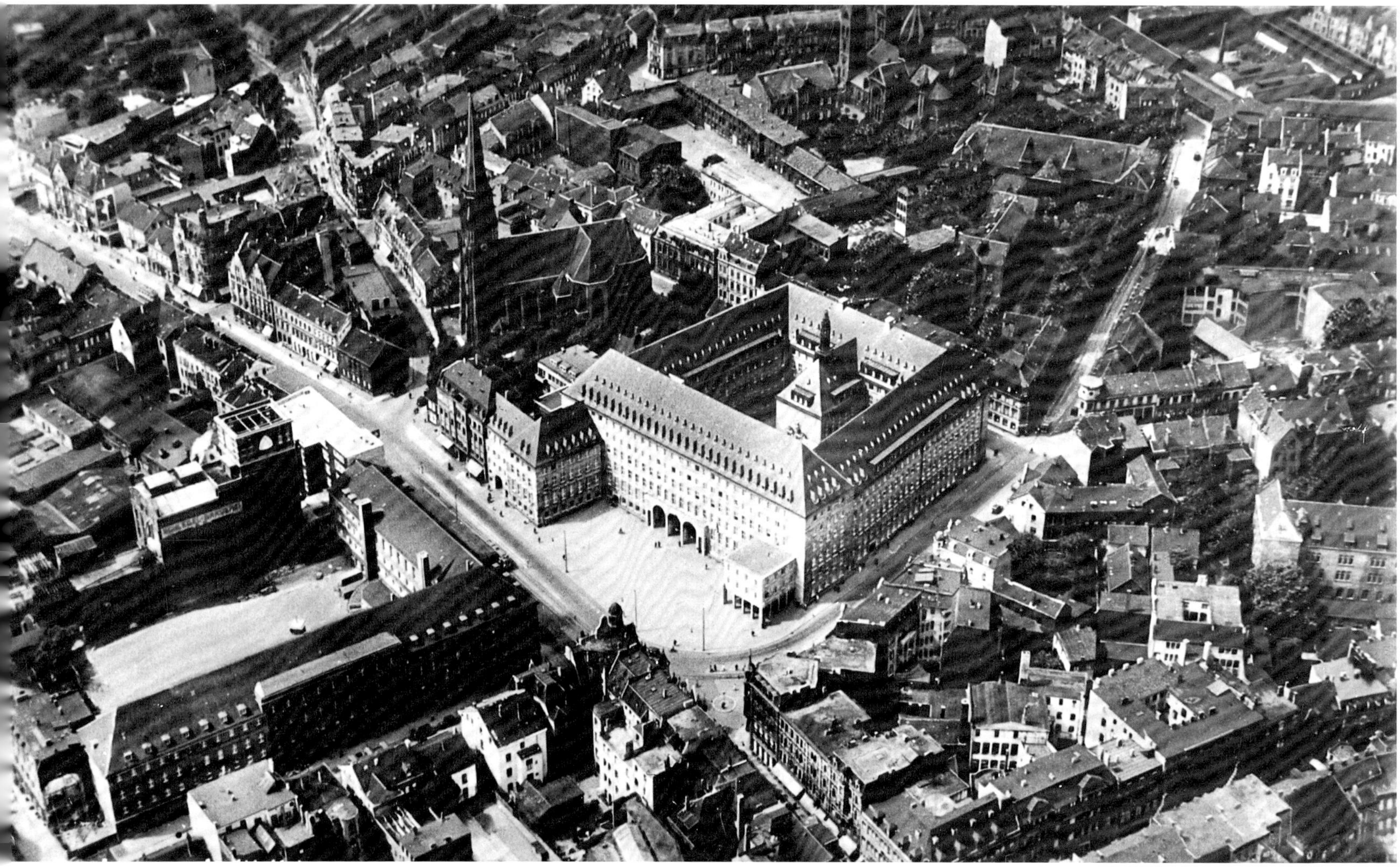

Das Bild oben zeigt vom Zeppelin aus gesehen das Zentrum der Industriestadt Bochum mit dem 1931 erbauten Rathaus. Es wurde im Kriege stark beschädigt und steht heute nach der Wiederherstellung und dem Neuaufbau der ringsum fast völlig zerstörten Häuserviertel in einer sehr veränderten Umgebung.

Das Bild links ist eine Luftaufnahme des Hansaplatzes in Dortmund vom Ende der Zwanziger Jahre. Links sieht man den Chor der Probsteikirche, im Vordergrund bereits einen Auto-Parkplatz. Es ist die Stelle, an der heute das Haus der Bibliotheken steht.

Hannoversch-Münden, die mittelalterliche Stadt mit ihren Fachwerkhäusern, zeigt das Bild unten, im Vordergrund das in der Sonne liegende Zentrum mit dem heute von parkenden Automobilen vollgestellten Marktplatz und der Egidienkirche. Die Fulda, von links aus Hessen, und die Werra, von rechts aus Thüringen kommend, vereinigen sich hier zur Weser, die zwischen wolkenbeschatteten bewaldeten Uferhängen nach Norden weiterfließt zur Nordsee. Von Kriegsschäden weitgehend verschont, blieb in Münden das Gesicht der Altstadt bis zur Gegenwart erhalten, anders als in Kassel, dessen Kern nach dem Wiederaufbau nicht mehr von Häusern aus der Zeit geprägt wird, als die Brüder Grimm hier ihre Märchen aufzeichneten.

Die auf den folgenden Seiten wiedergegebene Luftaufnahme von 1930 zeigt noch im linken unteren Teil die unzerstörte Kasseler Altstadt, in der Mitte die Martinskirche, links oben über der Fulda den Block des Regierungsgebäudes, rechts im Bild das Rund des Königsplatzes und dahinter am oberen Bildrand den Friedrichsplatz mit Schloß und Landesbibliothek.

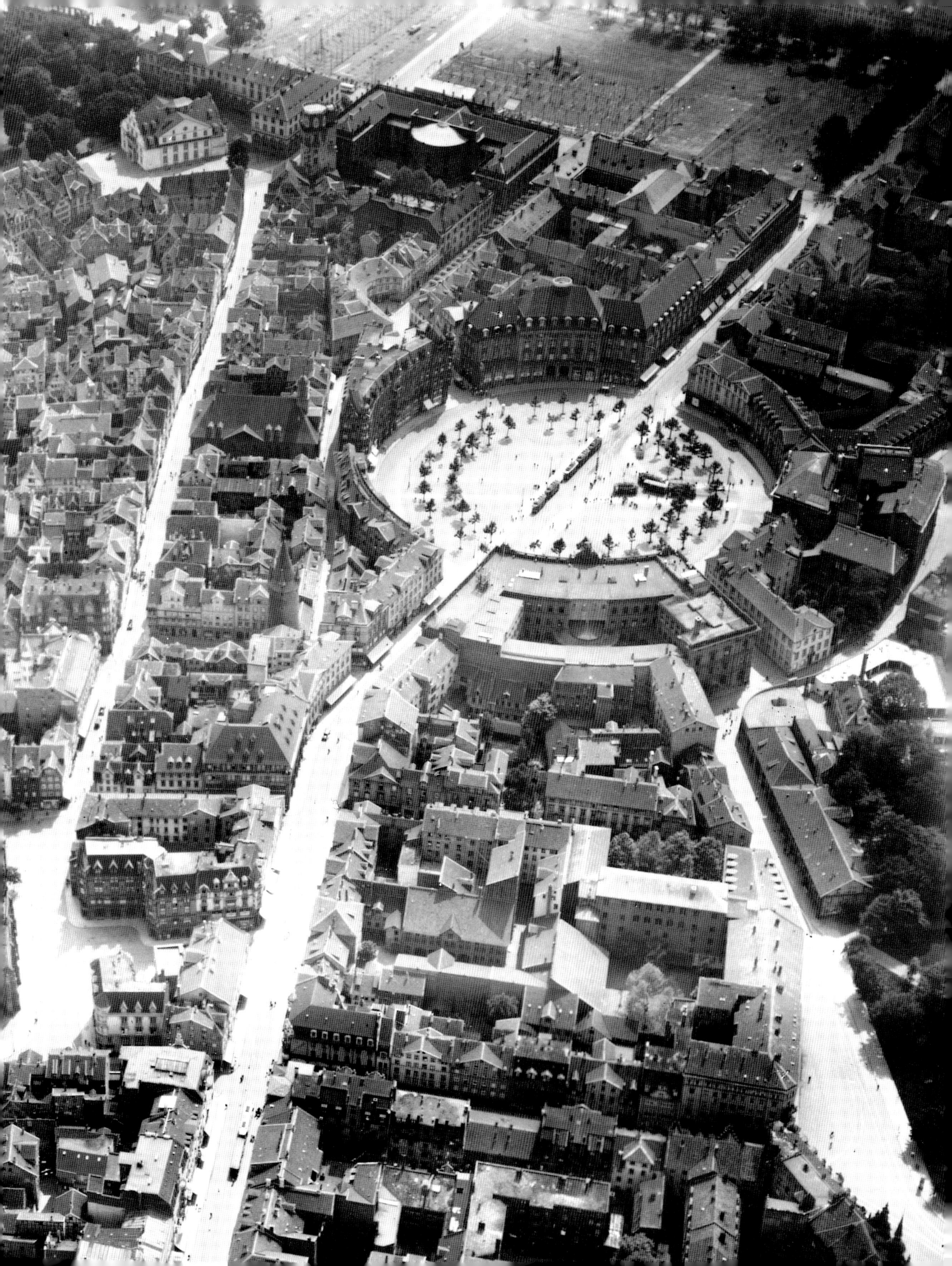

Die im Kriege zu neun Zehntel ausgebombte Altstadt von Münster in Westfalen erscheint noch unzerstört auf diesem im Juni 1930 aus dem „Graf Zeppelin" aufgenommenen Luftbild. Links kennzeichnet der doppeltürmige romanische Dom mit dem baumbestandenen Domplatz den Ort des von Karl dem Großen begründeten Bischofssitzes. Weiter vorn die Front der stattlichen alten Bürgerhäuser mit Ihren Bogengängen an der „Prinzipalmarkt" genannten Hauptgeschäftsstraße, beginnend vor dem links im Wolkenschatten liegenden Renaissancerathaus bis zur gotischen Lambertikirche, gehört zum frühesten Kern der Stadt. Sie war Mitglied der Hanse, Hauptort der Wiedertäufersekte und mit Osnabrück eine der beiden Städte, in denen 1648 nach dem Dreißigjährigen Krieg der Westfälische Friede geschlossen wurde. Beiderseits der Lambertikirche führen von vorn Salzstraße und Alter Steinweg auf den Prinzipalmarkt und in dessen Richtung weiter Roggenmarkt und Spiekerhof nach oben zum Bildrand. Neben der Liebfrauen- oder Oberwasserkirche überbrückt die Straße die durch Münster fließende Aa. Es ist die Stelle einer einstigen Furt auf dem uralten Handelsweg von der Weser nach Holland und zum Niederrhein, dessen Trasse dieser Straßenzug durch die inzwischen unter Wahrung der historischen Substanz wiederaufgebaute Altstadt noch heute folgt.

Ebenfalls 1930 entstand die unten gezeigte Luftaufnahme von Hannover, das damals preußische Provinzhauptstadt war, nachdem das Königreich Hannover 1866 von Preußen besiegt und annektiert wurde. Bis 1837 in England Königin Viktoria auf den Thron kam, war der König von Hannover auch König von England gewesen. Vom Charakter der ehemaligen Residenzstadt war vor den auch hier verheerenden Kriegszerstörungen noch vieles spürbar, der Bildausschnitt mit dem 1845 durch den Architekten Laves erbauten Schauspielhaus, dem jetzigen Opernhaus, ist ein Beispiel dafür. Vorn münden vor dem weltbekannten Café Kröpcke mit seinem Garten links vom Hauptbahnhof kommend die Bahnhofstraße, von oben links die das Opernhaus im Winkel umrahmende Rathenaustraße, nach rechts oben entlang des Opernplatzes bis zum Rund des Ägidientorplatzes die breite Allee der Georgstraße und von rechts aus der Altstadt die Karnarschstraße. Alles, was man hier erblickt, waren 1945 ausgebrannte Ruinen. Kröpcke und Opernhaus sind wiedererstanden, das übrige ist durch Neubauten ersetzt.

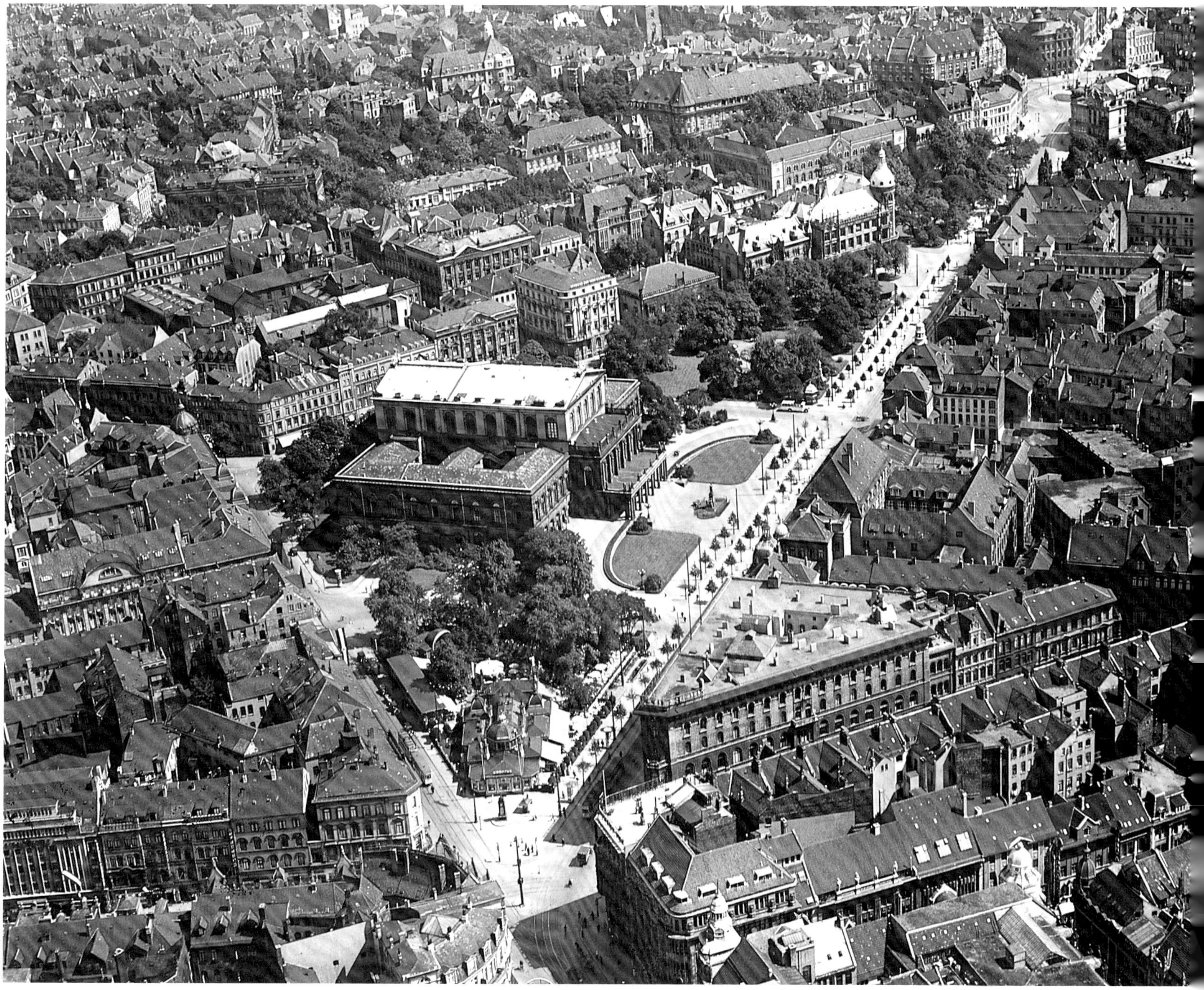

Einen Überblick über die Altstadt von Braunschweig vor dem letzten Kriege gibt das Luftbild links oben. Entlang der unteren Bildkante zieht sich der Petritorwall; in der Mitte ist mit ihrem achteckigen Turm die Petrikirche zu erkennen, dahinter die Brüderkirche, am rechten Bildrand der Markt, am linken Bildrand die Andreaskirche, neben der rechts das Dach der Alten Waage sichtbar ist. Hinter diesem liegt die Katharinenkirche, weiter rechts in der Bildmitte sieht man das Rathaus, die Burg Dankwarderode und den Dom, hinter diesem die breite Front des Schlosses und weiter links am oberen Bildrand das Theater.

Das Zentrum von Magdeburg über der Elbe sieht man auf der linken Aufnahme aus dem Zeppelin: in der Mitte den Dom mit dem Domplatz, auf dem die Pfalz Kaiser Ottos I. stand, der 973 im Dom beigesetzt wurde. Links davor zieht schräg durchs Bild der Breite Weg, die Hauptgeschäftsstraße, zum Teil noch mit Giebelhäusern des 18. Jahrhunderts und Markisen vor den Schaufenstern. Auch hier hat der Bombenkrieg nichts verschont. Die ganze Altstadt wurde durch Grünflächen aufgelockert neu bebaut, der Breite Weg sechsmal breiter als früher, aber er hieß nun Karl-Marx-Straße, seit der Wende jedoch wieder wie schon im Mittelalter.

Das Bild oben zeigt den alten Kern der Hansestadt Bremen: den Marktplatz mit dem Rathaus und dem Roland, der hier vom Schatten des Luftschiffes „Graf Zeppelin" verdunkelt wird. Die Aufnahme entstand am 1. Mai 1933 während einer Deutschlandfahrt anläßlich des „Tag der Arbeit". Hinter dem Zeppelinschatten sieht man links die gotische Liebfrauenkirche, in der Mitte das an den Altbau anschließende Neue Rathaus, den Domshof und den Dom. Darunter befindet sich der Gebäudekomplex der im 19. Jahrhundert erbauten Börse, vorn, in der Mitte vor der Rosette des Marktpflasters, der Schütting.

Auf einer anderen Deutschlandfahrt des „Graf Zeppelin" entstand diese Panorama-Ansicht der sich am Ufer der Weser erstreckenden Altstadt von Bremen. Den Vordergrund nehmen die Häuser der Neustadt ein; durch die Mitte des Bildes zieht sich die Weserinsel Werder mit ihren alten Speichern. Auch am Stadtufer der Weser, das hier „Schlachte" heißt, stehen noch alte Speicher, und unmittelbar am Wasser sieht man die Martinikirche. Daneben führt die 1945 gesprengte alte Weserbrücke über den Fluß, in ihrer Verlängerung die Wachtstraße zum Marktplatz, wo Börse, Rathaus, Liebfrauenkirche und Dom mit Domshof erkennbar sind. Am linken Bildrand erhebt sich die Stephanikirche, dahinter die Windmühle am Wall, dessen Verlauf als Umgrenzung der Altstadt zu erkennen ist. Oben links am Bildrand liegt der Hauptbahnhof. Die zahlreichen Binnenschiffahrtskähne auf dem Fluß zeigen, daß die Seeschiffahrt schon damals in den weiter weserabwärts gelegenen Überseehäfen ihren Endpunkt hatte.

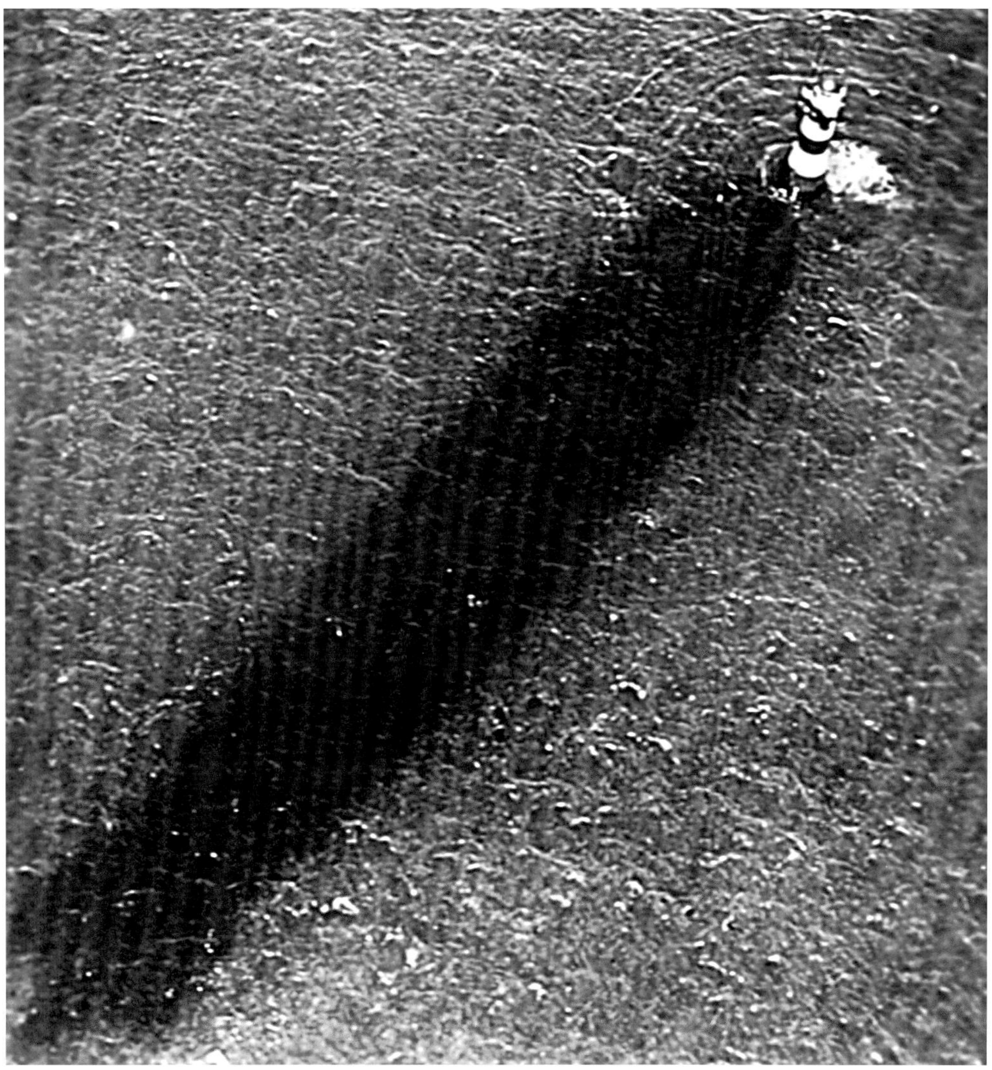

An der Wesermündung liegt Bremerhaven, seinerzeit noch Ausgangspunkt regelmäßiger Schiffahrtslinien in alle Erdteile, als der von den Zeppelinen eingeleitete transkontinentale Flugverkehr noch keine Konkurrenz für sie war. Auf dem Bild oben liegt die „Bremen" vor der Ausreise nach New York an der Bremerhavener Columbuskaje. Von Bord der „Graf Zeppelin" wurde sie im Vorbeifahren photographiert. Sie und ihr Schwesterschiff „Europa" machten damals die schnellsten Passagen zwischen Europa und Amerika.

Weiter seewärts, wo die Außenweser sich mit der Nordsee vereint, entstand über dem mitten im Meer stehenden Leuchtturm „Roter Sand" die links wiedergegebene Luftaufnahme mit dem auf das Wasser fallenden Schatten des Zeppelins. Heute ist der mehr als hundertjährige Turm außer Betrieb, wird aber als technisch-historisches Denkmal erhalten. Ein moderner ferngesteuerter Turm „Alte Weser" hat seine Funktion übernommen.

Hamburg war schon vor dem Ersten Weltkrieg Stützpunkt der ersten Passagierluftschiffe, vor allem der erfolgreichen „Auguste Viktoria". Er befand sich auf dem Gelände des heutigen Flughafens Fuhlsbüttel und wurde beim Kriegsausbruch 1914 Standort des Kommandeurs der Marineluftschiffe.

Die Stadt hat in gut einem Jahrhundert zwei gewaltige Zerstörungen erlebt: die erste durch den großen Brand von 1842, die zweite in den Bombennächten des Juli 1943. Daß aber ebenso viele Gebäude, wie diesen Katastrophen zum Opfer fielen, in den Jahren dazwischen planmäßig abgerissen worden sind, zeigt das Bild links. In der Mitte dehnt sich der Komplex des Anfang der Zwanziger Jahre von dem Architekten Fritz Hoeger erbauten spitzwinkligen Chilehauses, daneben rechts der wenig vorher entstandene Meßberghof und hinter dem Chilehaus ein Teil des noch im Bau befindlichen Sprinkenhofes. Links hinten steht mit hoher Säulenfassade das kurz vor dem Ersten Weltkrieg entstandene Direktionsgebäude des Karstadt-Konzerns, das heute Finanzamt ist. Zwischen diesem aber und dem Chilehaus sind noch Reste des aus Fachwerkbauten bestehenden Alt-Hamburg zu erkennen. Wegen der pittoresken schmalen Gänge zwischen den Häusern nannte man es auch das Gängeviertel. Das ganze hier sichtbare und heute noch stehende, im ersten Drittel unseres Jahrhunderts errichtete moderne Kontorhausviertel, die sogenannte Hamburger City, ist auf zusammengelegten kleinen Grundstücken abgebrochener Fachwerkhäuser entstanden, mit denen schon vor dem Bombenkrieg das alte Hamburg verschwand.

Von der Elbe her gesehen ist die Hamburger Innenstadt auf dieser um 1930 gemachten Luftaufnahme, mit der „Vorsetzen" genannten Uferstraße im Vordergrund. An ihr entlang führt der Viadukt der vor dem Ersten Weltkrieg fertiggestellten Hochbahn. Rechts vorn sieht man die Überseebrücke, wo die großen Luxusliner festmachten und ihre damals noch nicht mit Düsenjets in die Welt reisenden Passagiere an Bord nahmen. Links beherrscht Hamburgs Wahrzeichen, die Michaeliskirche, das Bild, oben sind die durch die Lombardsbrücke getrennten Becken von Binnen- und Außenalster zu erkennen, rechts davon das Rathaus, noch mehr rechts die Petrikirche und weiter nach vorn die Nikolaikirche. Beide sind erst im vorigen Jahrhundert errichtet worden, nachdem ihre mittelalterlichen Vorgängerbauten 1842 niedergebrannt waren. Letztere gehörte wieder zu den Opfern des Feuersturmes im letzten Krieg. Quer durch das ganze abgebildete Gebiet hat man, als hier die Trümmer der von den Bomben vernichteten Gebäude geräumt waren, hart an der Turmruine von St. Nikolai und der erhaltenen Michaeliskirche vorbei, die breite Trasse der Ostweststraße gezogen, die heutige Hauptverkehrsader mitten durchs Herz der Stadt.

Das Bild links ist eine Luftaufnahme von Bord des „Graf Zeppelin" auf das unweit der Flensburger Förde gelegene Schloß Glücksburg. Es wurde Ende des 16. Jahrhunderts erbaut und war Stammhaus der Herzöge von Schleswig-Holstein-Sonderburg-Glücksburg, deren Linie mit Königin Margarethe heute noch in Dänemark reagiert. Rechts neben dem Schloß befindet sich der Wirtschaftshof mit einem aus der Renaissancezeit stammenden Kavaliershaus. 1945 war das Schloß der letzte Sitz des Oberkommandos der Wehrmacht.

Während einer Deutschlandfahrt über München nach Berlin im Mai 1930 machte „Graf Zeppelin" einen Bogen nach Norden und begegnete über dem Großen Belt dem deutschen Schulschiff „Großherzogin Elisabeth". Die vom Deck und von den Masten zum Zeppelin hinaufwinkenden Matrosen der Besatzung hatten offensichtlich, wie die von trocknendem Zeug behängten Leinen auf dem Bild oben mutmaßen lassen, gerade ihren Generalwaschtag.

Über Kiel kreisten schon während der von Kaiser Wilhelm II. besuchten Kieler Segelwochen vor dem Ersten Weltkrieg Zeppeline mit Passagieren an Bord.

Nach dem Krieg entstand an der Kieler Förde bei Laboe das Ehrenmal für die Gefallenen der Marine. Das Bild rechts zeigt den 1930 vollendeten Bau.

Auf dem Bild links sieht man das Linienschiff „Schlesien", 1928 vom „Graf Zeppelin" aus aufgenommen, durch die Kieler Förde dampfen.

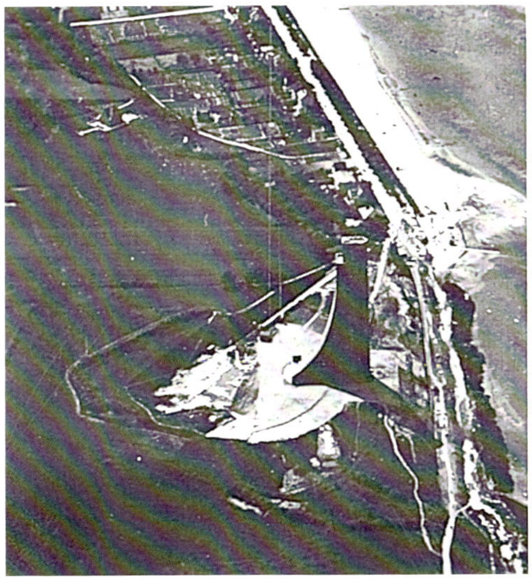

Das Bild oben ist die älteste Luftaufnahme der Hansestadt Lübeck, photographiert 1912 aus der „Viktoria Luise", deren Schatten über dem Marktplatz liegt. Dessen rechte Ecke wird umsäumt vom mittelalterlichen Rathaus, das sich bis zu der hinter ihm aufragenden Marienkirche erstreckt. Von ihr, dem großartigsten Bauwerk der Hanse, blieben nach einem englischen Luftangriff nur die ausgebrannten Mauern, Kunstwerke im Inneren wurden vernichtet, die Glocken fielen geschmolzen vom Turm und sind dort noch zu sehen. Die Kirche ist instandgesetzt und wird viel besichtigt, wie einst.

Den nördlichsten Punkt der Altstadt von Lübeck mit dem gotischen Turm des Burgtores zeigt die Abbildung unten. Deutlich sind die Reste der Wallanlagen zu erkennen. Vom Burgtor rechts in die Stadt hinein verläuft die Große Burgstraße, davor liegen die Bauten von Burg und Gerichtsgebäude. Vor dem Tor ist der gedrungene Bau des alten Marstalls zu erkennen, hinter dem Tor die im Bogen nach oben verlaufende, nach der alten Stadtbefestigung genannte Straße „Wakenitzmauer". Links davon im Klughafen liegen Schlepper und kohlenbeladene Binnenschiffahrtskähne. Von der hohen Burgbrücke, die links zur Travemünder Allee und weiter zur Ostseeküste führt, schauen Lübecker Bürger zum über ihnen dahinschwebenden Zeppelin empor. Im Vordergrund hat im Hansahafen an der Untertrave ein finnischer Frachter festgemacht und zur Begrüßung des Luftschiffes über alle Toppen geflaggt.

Das Bild unten zeigt einen Blick aus dem Zeppelin auf die Marienkirche der alten Hafen- und Hansestadt Rostock in Mecklenburg. Der größte Teil der hier sichtbaren, zumeist aus dem 17. und 18. Jahrhundert stammenden Häuser fiel Bombenangriffen zum Opfer. Rechts neben der im 13. bis 15. Jahrhundert erbauten Kirche verläuft die Schmiedestraße, die sich zur Langen Straße verbreitert. Am linken Bildrand ist eine Ecke des Neuen Marktes erkennbar, von dem sich die zum Hopfenmarkt erweiterte Blutstraße, die Hauptgeschäftsstraße der Stadt, nach oben zieht. An der Unteren Warnow gelegen, die 13 Kilometer unterhalb bei Warnemünde in die Ostsee mündet, war Rostock, Universitätsstadt seit 1419, schon damals größte Stadt Mecklenburgs mit rund 100 000 Einwohnern. Sie war auch der wichtigste Seehafen der DDR.

Einen Blick über die ebenfalls einst zur Hanse gehörige pommersche Hafenstadt Stralsund zeigt die Abbildung oben rechts. Im Vordergrund erheben sich die zur Zeit dieser Zeppelinaufnahme um 1930 gerade fertiggestellten Neubauten der Franken-Vorstadt, dahinter, getrennt durch den Frankenteich, liegt die alte Altstadt: links im Vordergrund die Marienkirche, in der Mitte die Nikolaikirche und rechts vor dieser die Jakobikirche. Weiter rechts, durch Molen eingegrenzt, sieht man die Anlagen des Hafens, dahinter breitet sich der Strelasund aus, die Meeresstraße zwischen dem Festland und der Insel Rügen, deren Ufer rechts oben im Bild erkennbar ist.

Großer Betrieb herrschte damals im Sommer, als diese Bilder aus dem Zeppelin gemacht wurden, in den Seebädern der mecklenburgischen und pommerschen Küste, die vor allem von Berlinern besucht wurden. Das Bild oben aus dem Jahre 1930 zeigt den Strand von Heringsdorf auf der Insel Usedom. In der Mitte liegt das Strandkasino, rechts am Wasser der Holzbau des Familienbades mit seinen Umkleidekabinen, und links reicht der Seesteg fünfhundert Meter weit in die Ostsee hinaus.

Berlin, die Hauptstadt des Deutschen Reiches, war schon vor 1914 häufig von Zeppelinen besucht worden.

Aus der „Graf Zeppelin" wurde am 24. Mai 1930 die oben wiedergegebene Aufnahme vom Nordteil der Spreeinsel zwischen Kupfergraben (links) und Spree (rechts) gemacht. Den im Bilde nicht sichtbaren Südteil nahm das alte Kölln ein, das seit der Gründung der Schwesterstadt Berlin jenseits der Spree 1307 durch eine Brücke mit ihr verbunden war. Im Vordergrund rechts sieht man das Rechteck des Schlosses, eingefaßt vom Schloßplatz vorn und der Schloßfreiheit am Kupfergraben links mit dem Reiterdenkmal Kaiser Wilhelms I. Bis 1918 war das Schloß Residenz des deutschen Kaisers, danach Museum. Beim schwersten Luftangriff auf Berlin im Februar 1945 brannte es aus bis auf den Westflügel mit der Kuppel und dem bedeutenden Barockportal. Das Mauerwerk jedoch blieb besser erhalten als das von weitaus schwerer zerstörten deutschen Baudenkmälern, die heute vollkommen wiederhergestellt sind. Trotzdem wurde es 1950 auf Befehl Ulbrichts gesprengt, die freigeräumte Fläche als „Marx-Engels-Platz" für Massenkundgebungen genutzt, auf dessen rechter Hälfte später der Palast der Republik errichtet. Hinter dem Schloß liegt der pompöse wilhelminische Dom, links von diesem der Lustgarten mit der Säulenfront des Alten Museums. Und anschließend wird die nach diesen Bauten so genannte Museumsinsel eingenommen vom Neuen Museum, der Nationalgalerie, dem Pergamon- und dem Kaiser-Friedrich-Museum. In der Mitte des Bildes führt die Schloßbrücke auf die hier mit Zeughaus und Alter Wache beginnende Straße „Unter den Linden". Alle diese historischen Gebäude waren stark zerstört, sind heute wieder in Stand gesetzt und ihrer alten Funktion zurückgegeben.

Das Bild rechts wurde am Nachmittag des 1. Mai 1933 aufgenommen. Vorn liegt das Brandenburger Tor, rechts davon der Pariser Platz mit dem Gebäude der Französischen Botschaft am rechten Bildrand, wo die Straße „Unter den Linden" beginnt. Links vom Tor dehnt sich der Tiergarten aus; am linken Bildrand oben, auf dem einstigen Königsplatz, dem jetzigen Platz der Republik, steht die Siegessäule, die Hitler später zum Großen Stern transportieren ließ. Weiter rechts liegen das Reichstagsgebäude, dahinter die Spree mit der Kronprinzenbrücke und das Gebäude des Lehrter Bahnhofs am oberen Bildrand.

Auf dem Bild unten ist in der Mitte der breite Straßenzug der „Linden" erkennbar, an deren linker Seite, mit dem Zentralbau in der Mitte, das Rechteck der Preußischen Staatsbibliothek, dahinter die Universität, dann folgen die Alte Wache und das Zeughaus. Es schließen an der Lustgarten und der Dom mit Kuppel und Vierecktürmen, hinter diesem erscheint der Turm der gotischen Marienkirche. An der rechten Straßenseite sieht man in der Mitte die Staatsoper, rechts von ihr die Kuppel der Hedwigskirche. Parallel zu den „Linden" liegt weiter rechts, an der Hedwigskirche endend, die Behrenstraße, rechts parallel neben dieser führt der Straßenzug von Französischer Straße, Werderschem Markt, Schloßplatz und Königsstraße rechts am Schloß und links am Rathaus vorbei zum Alexanderplatz. Im Hintergrund sieht man rechts die von Stralau herkommende Spree.

Das Bild oben zeigt den sich von links unten an den Potsdamer Platz anschließenden Leipziger Platz, über den sich die Leipziger Straße quer durch das Bild zieht. Links im Vordergrund erkennbar sind noch die klassizistischen Wachhäuser des einstigen Potsdamer Tores; an der Ecke zur Leipziger Straße steht der Warenhausbau von Wertheim. Links parallel zur Leipziger Straße verläuft die Voßstraße bis zum Wilhelmplatz und kreuzt sich hier mit der Wilhelmstraße. Vom oberen Bildrand angeschnitten liegt am Wilhelmplatz das Hotel Kaiserhof, schräg gegenüber, mit einem etwas erhöhten moderneren Gebäudeteil, die 1932 umgebaute Reichskanzlei, daneben links das Palais des damals hier noch residierenden Reichspräsidenten von Hindenburg, weiter links daneben das Auswärtige Amt. Die meisten der hier noch sichtbaren, an die Reichskanzlei anschließenden Gebäude der Voßstraße ließ Hitler nach 1933 abreißen und an ihrer Stelle seine monströse Neue Reichskanzlei erbauen. Und in deren Garten, von dem ein Teil mit den Bäumen oben links sichtbar ist, entstand der unterirdische Bunkerkomplex, in dem er Selbstmord beging, als der Zweite Weltkrieg verloren war und ringsherum nur eine riesige Trümmerwüste bestand.

Auf dem obigen Luftbild von 1930 sieht man das historische Zentrum von Potsdam, das schon vor 1914 zu den Stationen im Linienverkehr der Zeppeline gehört hatte. Das barocke Stadtschloß rechts vorn ließ der Große Kurfürst errichten, nachdem die Stadt 1660 neben Berlin Residenz der Hohenzollern geworden war. In der Mitte des Bildes liegt der Altmarkt mit dem Kuppelbau der klassizistischen Nilolaikirche Schinkels links, dem Rathaus von 1753 mit der vergoldeten Atlasfigur auf dem Turm und dem Palais Barberini rechts.

Nur drei Wochen vor Kriegsende wurde dieses kulturhistorische Ensemble durch einen schweren englischen Luftangriff vernichtet. Die Ruinen von Nikolaikirche und Rathaus sind mittlerweile restauriert, die des Schlosses wie die des Berliner Schlosses beseitigt worden.

Die rechts wiedergegebene Luftaufnahme zeigt die damals Freie Stadt Danzig im Jahre 1930. Von links unten zieht sich die Mottlau schräg durch das Bild, in der Mitte, gegenüber dem deutlich erkennbaren Krantor, zweigt von ihr die Neue Mottlau ab. Im Vordergrund, hinter der parallel zur unteren Bildkante verlaufenden Häkergasse, steht die dreischiffige gotische Johanneskirche. Hinter dieser liegt, auf das Krantor zulaufend, die Breitgasse. Weiter im Hintergrund führt vom Langen Markt die Grüne Brücke und dahinter die Kuhbrücke hinüber zur Speicherinsel mit ihren das Ufer der Mottlau säumenden Reihen der alten Backsteinspeicher. Jenseits erstreckt sich die Niederstadt hin bis zu den im Zickzack verlaufenden ehemaligen Festungsgräben.

Vom gleichen Tage wie die vorhergehende Aufnahme stammt das Bild rechts. In der Nachmittagssonne zeigt sich die lange Front der von links schräg nach unten verlaufenden nördlichen Häuserreihe der Langgasse bis zum Rathaus in der Mitte und des sich anschließenden Langen Marktes. Neben dem deutlich durch seinen hohen Turm erkennbaren Rathaus steht zwei Häuser weiter rechts der prächtige Artushof, damals die Börse der alten Hansestadt. Parallel dazu im Vordergrund liegt die Hundegasse. Hinter dem Rathaus ragt der gotische Bau der Marienkirche auf, das Wahrzeichen der Stadt. Von hier führt parallel zur Langgasse die Jopengasse auf das Zeughaus zu. Hinter der Marienkirche erkennt man die Nikolaikirche. Links am oberen Bildrand erscheinen die Gleisanlagen der Eisenbahn mit dem Turm des Hauptbahnhofes. Danzig lieferte 1939 den Vorwand zum Ausbruch des Zweiten Weltkrieges, in dessen Schlußphase es fast vollständig zerstört wurde. Die deutschen Bewohner sind geflohen ober vertrieben worden. Von den neuen polnischen Besitzern wurde ein großer Teil der bedeutenden historischen Ruinen sorgfältig wieder aufgebaut.

Die Grenze zwischen der Freien Stadt Danzig und der vom übrigen Reich abgetrennten Provinz Ostpreußen bildete damals die Nogat. An ihrem Ostufer liegt das alte Ordensschloß Marienburg, das die unten wiedergegebene Luftaufnahme zeigt: mit dem Hochschloß links, der daran anschließenden Marienkirche und dem Mittelschloß mit dem Hochmeisterpalast in der Mitte.

Auch das Schloß der ostpreußischen Hauptstadt Königsberg in der Mitte der obigen Aufnahme aus dem „Graf Zeppelin" wurde als deutsche Ordensburg gegründet und war seit 1525 Sitz der Herzöge von Preußen. Im Westflügel rechts befand sich die Krönungskirche der preußischen Könige. Den Vordergrund nimmt der Münzplatz ein, davor beginnt der Schloßteich. Hinter dem Schloß liegen die Häuser der Altstadt, durch den in zwei rechtwinkligen Windungen dahinfließenden Neuen Pregel getrennt von der Kneiphof-Insel, auf der, hinten am linken Bildrand erkennbar, das Rathaus liegt. Marienburg ist heute polnische, Königsberg, das härteste Kriegszerstörungen erlitt, mit dem Namen Kaliningrad eine russische Stadt. Im Kalten Krieg war sie als militärisches Sperrgebiet schwer zugänglich. Nun kann man sie wieder besuchen.

Das Bild links zeigt eine Aufnahme aus dem „Graf Zeppelin" auf das in den Zwanziger Jahren zum Gedenken an die Schlacht im ersten Weltkrieg errichtete Tannenberg-Ehrenmal südlich von Allenstein, in welchem der Reichspräsident Hindenburg nach seinem Tode 1935 beigesetzt wurde. Vor dem Einmarsch der Russen 1945 wurde das Denkmal gesprengt und Hindenburgs Sarkophag nach Marburg an der Lahn überführt.

Das Bild unten gibt einen Blick aus dem Zeppelin über die Seen der südostpreußischen Landschaft Masuren wieder. Dieses Gebiet war 1914 hart von Deutschen und Russen umkämpft, bis die Armee des Zaren in der Schlacht bei Tannenberg vernichtend geschlagen wurde.

Das Luftbild oben zeigt Allenstein, dessen Altstadt von der deutlich sichtbaren Alle umflossen wird. Überragt wird die Stadt vom hohen quadratischen Turm der spätgotischen Jakobskirche, dahinter ist der Markplatz zu erkennen und wiederum dahinter mit zwei Treppengiebelfronten das Schloß, in dem einst Kopernikus als Administrator des Domkapitels wohnte. Das kriegszerstörte Allenstein wurde von den Polen, in deren Besitz es 1945 kam, mit besonderer Berücksichtigung der mittelalterlichen Gebäude wieder aufgebaut.

Rechts sieht man die ostpreußische Stadt Gumbinnen, aufgenommen von Bord des Luftschiffes „Graf Zeppelin". Sie war damals, im Sommer 1931, an der Bahnlinie Berlin – Leningrad gelegen, mit 20 000 Einwohnern die östlichste größere deutsche Stadt vor der litauischen Grenze.

Der unten wiedergegebene Blick auf Breslau zeigt im Vordergrund rechts die in der Oder liegende Sandinsel, auf dieser die Sandkirche mit dem daran anschließenden Viereck der Universitätsbibliothek. Links im Vordergrund führt die Gneisenau-Brücke in die Oder-Vorstadt. Von der linken Spitze der Sandinsel geht der Weg über die Dombrücke und Domstraße zum mittelalterlichen Dom mit seinen Doppeltürmen, rechts daneben liegt das Geviert der fürstbischöflichen Residenz, davor die Kreuzkirche. Im Hintergrund wird die Oder von der Lessingbrücke überspannt. Nach dem Zweiten Weltkrieg lag das Zentrum von Breslau in Trümmern. Seitdem polnisch, ist es mit Ausgewiesenen aus den von Rußland annektierten polnischen Ostgebieten besiedelt worden. Beim Wiederaufbau der Altstadt war man sehr um Erhaltung und Restaurierung der historischen Bauten bemüht.

Das Bild rechts zeigt die noch unzerstörte Altstadt von Dresden Anfang der dreißiger Jahre vom Zeppelin aus. Im Vordergrund liegt der Amalienplatz, von dem nach rechts der Elbberg zur Carola-Brücke führt, nach unten rechts die Marschallstraße und nach unten die Pillnitzer Straße. Nach oben schließt, bis zum großen rechteckigen Albertinum, der Zeughausplatz an. Dahinter ragt die barocke Kuppel der Frauenkirche auf, links hinter dieser liegt der Neumarkt. Die rechts von der Neustadt herbeiführende Augustus-Brücke endet vor der Hofkirche auf dem Schloßplatz; links von dieser, mit hohem Turm, liegt das Schloß, dahinter der Zwinger und von diesem rechts der Theaterplatz mit der Oper. Heute ist dieser Stadtkern verwandelt, die meisten der berühmten Baudenkmäler sind, inmitten nüchterner moderner Architektur, wieder hergestellt.

Die links wiedergegebene Luftaufnahme des bei Dresden gelegenen Schlosses Moritzburg entstand am Nachmittag des 1. Mai 1933 während der Deutschlandfahrt des „Graf Zeppelin". König August der Starke von Sachsen hat es als Jagdschloß in den zwanziger Jahren des 18. Jahrhunderts erbauen lassen. Aussehen von Schloß und Park sind heute kaum verändert.

Die Luftaufnahme oben zeigt die Altstadt von Chemnitz innerhalb des im 19. Jahrhundert im Zuge der ehemaligen Befestigungen angelegten Straßenringes. Von der Paulskirche rechts unten, vorbei am hellen Quaderbau des Schauspielhauses, an Siegesdenkmal und Stadtbibliothek heißt er Theaterstraße bis oben links zur Kreuzung mit der stadtauswärts führenden Königstraße. Dieser entgegen kommt die Friedrich-August-Straße aus dem durch Rathaus und Jakobikirche beherrschten Zentrum. Sie bieten hier einen Anblick, der nur seit den Jugendstilelemente einbeziehenden Restaurierungen und dem Rathausneubau vor dem Ersten Weltkrieg bis zu den verheerenden Bombenangriffen des letzten Krieges gewährt hat, die die Innenstadt vernichteten. Nur vom Neuen Rathaus blieben wesentliche Teile erhalten. Statt der engen alten Bebauung sind größere und höhere Häuser entstanden mit viel Platz dazwischen. Der Straßenring ist durch einen vielfach breiteren ersetzt. Und seit der Wende hat sich auch der Autoverkehr entwickelt, der ihn ausnutzt.

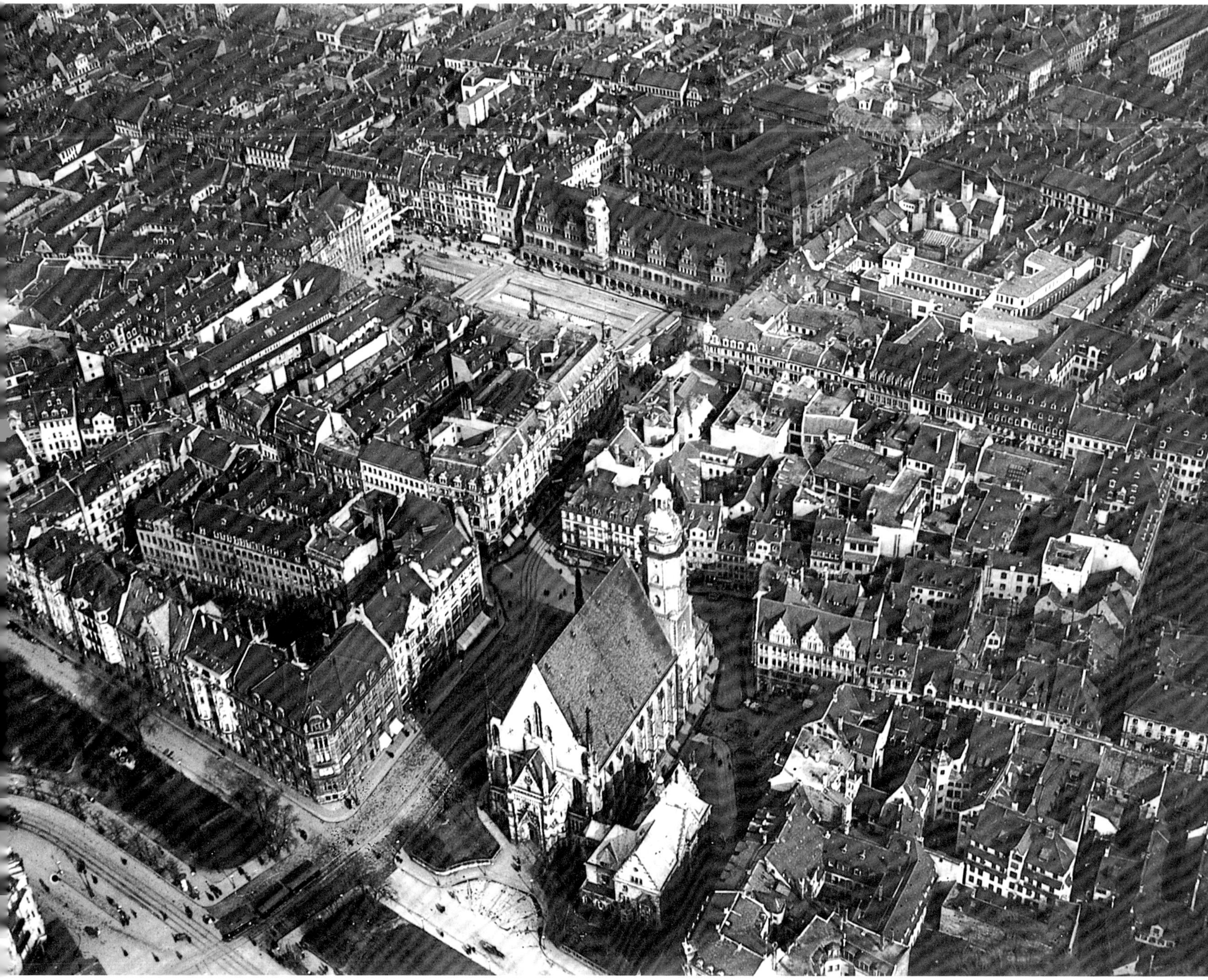

Leipzigs Altstadt um 1930 zeigt das Luftbild oben, vorn die Thomaskirche, an der Johann Sebastian Bach Kantor gewesen ist. Links an ihr vorbei führt die Thomasgasse zum Markt mit dem langgestreckten Renaissancebau des Alten Rathauses, hinter diesem liegt der Naschmarkt mit dem breiten Komplex des Handelshofes, eines der großen Messehäuser, und weiter rückwärts am Bildrand die Nikolaikirche mit ihren drei Westtürmen. Die Altstadt, in der sich seit Jahrhunderten zweimal jährlich der Betrieb der weltberühmten Mustermessen konzentrierte, ist im Dezember 1943 schwer zerstört worden. Die genannten Gebäude sind wieder hergestellt, auch andere erneuert, auf den freigewordenen Ruinenflächen Neubauten, darunter etliche Messehäuser, errichtet.

Die Maifahrt des Luftschiffes ging 1933 weiter nach Nürnberg. Das über der Stadt aufgenommene, rechts wiedergegebene Luftbild zeigt knapp rechts im Vordergrund die Spitze des Weißen Turms, von dem rechts am Bildrand entlang die Breite Gasse nach oben führt, links davon in der Mitte des Bildes bis zur St. Lorenzkirche die Karolinenstraße, weiter links parallel dazu, vom dreieckigen Josephplatz ausgehend, die Adlerstraße. Hier hat sich nach schweren Kriegszerstörungen das Gesicht der Bebauung, wenn auch bei Erhaltung der alten Straßenzüge, gründlich geändert, und Hunderte von Autos parken und fahren jetzt dort, wo außer einer einzigen Straßenbahn nur Fußgänger zu erkennen sind.

Die Stadt Nördlingen inmitten ihres noch vollständig erhaltenen mittelalterlichen Mauerringes ist auf der oben wiedergegebenen Zeppelinaufnahme aus dem Jahre 1929 zu sehen. An diesem Gesamtbild der vom Kriege verschonten Stadt hat sich seither wenig geändert. Im Vordergrund führt die Straße von Dinkelsbühl durchs Tor in die Stadt auf den Marktplatz mit der St. Georgskirche; dahinter beginnt jenseits der Stadtmauer die Straße nach Donauwörth.

Die Zeppelinaufnahme rechts zeigt die bei Regensburg über der Donau gelegene Walhalla, den berühmten Ehrentempel, den Ludwig I. von Bayern um 1830 nach dem Vorbild des Athener Parthenons errichten und in dem er Marmortafeln und Büsten von berühmten Deutschen aufstellen ließ.

Das Bild unten ist eine Zeppelinaufnahme der am Zusammenfluß von Donau und Inn gelegenen Stadt Passau. Das helle Wasser des Inn hebt sich deutlich gegen das von links kommende dunklere der Donau ab. Auf der Mitte der Landspitze liegt das Kloster Niedernburg mit den Doppeltürmen der Kreuzkirche, links davon führt die Luitpold-Brücke hinüber auf das nördliche Donauufer. Im Vordergrund steht die Jesuitenkirche, links am Bildrand mit seinem hohen Turm das Rathaus. Von links fließt die Ilz in die Donau, am jenseitigen Ufer liegt die Ilzstadt mit dem Klosterberg, davor im Winkel zwischen Ilz und Donau die mittelalterliche Burganlage Niederhaus, von der die alte Mauer hinaufzieht zum Oberhaus. Vor der Stadt am Donauufer liegt einer der heute vom Strom verschwundenen Schleppdampfer, die früher die Frachtkähne zogen, und schickt seine Qualmwolken in die Luft. Die Donaubrücke im Hintergrund verbindet das linke deutsche mit dem österreichischen Ufer.

Das Schloß Herrenchiemsee zeigt die Zeppelinaufnahme links. Es entstand mit seiner Gartenanlage im Auftrage des Bayernkönigs Ludwigs II. nach dem Vorbild des Schlosses von Versailles, wurde aber nicht vollendet. Wie die anderen pompösen Schöpfungen Ludwigs II., Linderhof und Neuschwanstein, war es zur Zeit dieser Aufnahme 1932 schon wie heute eine der größten Touristenattraktionen Bayerns.

In München war um 1930, als die unten wiedergegebene Zeppelinaufnahme entstand, das auf einer Insel in der Isar gelegene, 1903 gegründete Deutsche Museum eröffnet worden als größtes technisches Museum der Welt. Es hat, seitdem geringere Kriegsschäden ausgebessert worden sind, bis heute weiter an Bedeutung gewonnen. Die Häuserreihe vorn wurde nach dem Kriege abgebrochen und auf dem Gelände das Europäische Patentamt errichtet.

Den Stadtkern von München, wie er sich dem Zeppelinreisenden darbot, zeigt das Bild oben. Es wird beherrscht von den Türmen der Frauenkirche, die im letzten Krieg ausbrannte, aber heute wieder hergestellt ist. Von der turmlosen Augustinerkirche links im Vordergrund verläuft schräg durchs Bild die Kaufinger Straße zum Marienplatz, auf dem sich vor dem Rathaus Mengen von Menschen angesammelt haben, um das Luftschiff zu schauen. Hinter dem Rathausturm, am Platzl, liegt im Dunst das Hofbräuhaus. Rechts vom Marienplatz steht der „Alte Peter", die älteste Kirche der Stadt, etwas links dahinter der Turm des Alten Rathauses, der von Bomben zerstört wurde und jetzt wieder aufgebaut ist, rechts dahinter die Heiliggeistkirche, und hinter dieser führt das breite „Tal" zum Isartor. Hinter den Türmen der Frauenkirche ist der ebenfalls von Schaulustigen bevölkerte Max-Josephs-Platz zu erkennen. An ihm liegen links die Residenz, hinten das Nationaltheater.

Die Aufnahme auf der nächsten Doppelseite wurde während einer anderen Fahrt vom Zeppelin aus unmittelbar über dem Marienplatz gemacht. Alle Einzelheiten sind deutlich zu erkennen: die Mariensäule auf dem Platz neben parkenden Autos, links das Rathaus, rechts die Peterskirche vor dem Turm des Alten Rathauses und der Fassade der Heiliggeistkirche.

Schon vor dem Ersten Weltkrieg gehörten Rundfahrten mit dem Luftschiff über der Schweiz zum beliebten Programm mutiger wohlhabender Leute. Es waren Tagesreisen von Friedrichshafen aus. Als erster hatte 1908 Graf Zeppelin selbst mit LZ 4 eine zwölfstündige Fahrt bis Zürich und Luzern unternommen.

Das Bild links zeigt Schaffhausen mit dem Rheinfall vom Zeppelin aus.

Die Luftaufnahme unten entstand über Luzern. Aus dem Vierwaldstätter See kommend, durchfließt die Reuß die Stadt. Links liegt der Hauptbahnhof, davor die Anlegestelle für die Seedampfer. Von hier führt die Seebrücke hinüber zum rechten Ufer, dahinter schräg über den Fluß die mittelalterliche, hölzerne, überdachte Kapellbrücke, hinter dieser der Reußsteg und schließlich die Reußbrücke.

Zürich im Jahre 1930 zeigt das Luftbild oben. Unter der Quaibrücke fließt die Limmat aus dem Zürichsee durch die Stadt. Am linken Ufer sieht man hinter Bäumen den Kolossalbau der Nationalbank. Rechts an der Brücke steht das Hotel Bellevue, vor der nächsten, der Münsterbrücke, am Ufer die Wasserkirche, weiter rechts das doppeltürmige Großmünster und gegenüber jenseits der Limmat das Fraumünster.

Viele der Zeppelinrundfahrten über der Schweiz berührten das Land, von Friedrichshafen über den Bodensee kommend, zuerst bei Stein am Rhein, das die Aufnahme rechts zeigt.

Unvergleichlich war jedesmal das Panorama der Alpen, wie es sich vom Zeppelin aus bot. Auf dem oberem Bild schaut man aus der Luftschiffgondel auf die Gipfel von Eiger, Mönch und Jungfrau, ersterer fast, die anderen mehr als viertausend Meter hoch.

Das Bild in der Mitte zeigt den Blick auf das mittelalterliche Schloß Chillon am Ostende des Genfer Sees, der meist in niedriger Höhe überflogen wurde.

Wendepunkt der Reisen war gewöhnlich Genf mit seiner herrlichen Lage am Südwestzipfel des Sees und den Ufern der Rhône, die hier den See verläßt. Das Bild rechts, im Vordergrund links etwas verdeckt durch eine der Luftschrauben des Zeppelins, zeigt die Stadt 1930: der Blick geht nach Westen, vorn liegt die erste Rhônebrücke, der Pont du Montblac, von dem die Straße gleichen Namens zum Hauptbahnhof führt.

In die Straßen von Bern, der Bundeshauptstadt der Schweiz, geht der Blick vom Zeppelin auf der unten wiedergegebenen Luftaufnahme aus dem Jahre 1932. Am oberen und unteren Bildrand sind noch die Ufer der Aare zu erkennen, von denen die auf einer schmalen Landzunge liegende Altstadt umschlossen wird. In der Mitte steht das gotische Münster mit dem Münsterplatz links daneben und der davorliegenden, steil zum Fluß abfallenden, baumbestandenen Münsterterrasse. An den Münsterplatz schließt nach links die Herrengasse an, die zwischen den beiden großen Gebäuden von Bibliothek und Casino endet; parallel

dazu, an Bibliothek und Münster entlang, verlaufen Kesslergasse, Kirchengasse und Junkerngasse, dahinter die weiteren Parallelen von Kramgasse – Gerechtigkeitsgasse und als letzte Metzgergasse – Postgasse, an denen hinter dem Münsterturm Altkatholische Kirche und Rathaus zu erkennen sind.

Auf dem Bild links schwebt der Zeppelin über Basel, deutlich sind die Unterseite des Luftschiffes und zwei der Motorengondeln zu erkennen. Im Vordergrund auf dem diesseitigen Rheinufer heben sich die Türme des Münsters vom Wasser des Flusses ab. Von der Mittleren Brücke wendet sich um die Kirche St. Martin die Eisengasse zum Markt mit dem Rathaus, und von hier führt weiter die Gerbergasse zum Barfüßerplatz mit der gotischen Barfüßerkirche, die heute das Historische Museum beherbergt. Wenig links davon steht die Kirche St. Leonhard am Kohlenberg.

Das Bild oben wurde während einer Fahrt des Zeppelins durch das Tal der Linth im Kanton Glarus aufgenommen. Links vom Fluß liegt Mollés, rechts Näfels, wo die Glarner im Jahre 1388 ihre Unabhängigkeit gegen Österreich erkämpften. Im Hintergrund erhebt sich der fast dreitausend Meter hohe Glärnisch.

Die erste Luftschiffreise nach Österreich, von Baden-Baden ausgehend, hat noch Graf Zeppelin selbst unternommen. Nach der Ankunft in Wien lud ihn Kaiser Franz Joseph im Schloß Schönbrunn zur Galatafel. Die meisten Zeppelinfahrten nach Österreich fanden dann zwischen 1929 und 1931 statt.

Das Bild oben zeigt den Blick auf den im Salzburgischen gelegenen Mondsee, ein Teil des Zeppelinrumpfes und die Empfangsantenne der Funkanlage sind sichtbar.

Das Bild links wurde während der Vorbeifahrt an der Festung Hohensalzburg aufgenommen.

Einen Blick auf den Salzburger Dom gibt das Bild auf der rechten Seite wieder. Vor ihm liegt der Residenzplatz mit dem Hofbrunnen und dem Dach der Residenz an der rechten Bildkante, und rechts von den Domtürmen beginnt der Domplatz, auf dem damals schon während der Salzburger Festspiele wie auch heute noch alljährlich der „Jedermann" von Hofmannsthal aufgeführt wurde. Hinter dem Dom sieht man den Kapitelplatz mit der Kapitelschwemme.

Wien vom „Graf Zeppelin" aus zeigt das Bild unten: den Heldenplatz mit den Reiterstandbildern des Prinzen Eugen (links) und des Erzherzogs Karl (rechts). Die linke hintere Seite des Platzes begrenzt das Halbrund der Neuen Hofburg, an die sich links die Alte Burg anschließt. Vorn links ist der Ballhausplatz, an dem rechts das Außenministerium liegt, davor sind Turm und Dach der Minoritenkirche sichtbar. Rechts liegt der Volksgarten mit dem Theseustempel, dahinter zieht sich von rechts nach links der Burgring hin, an dem symmetrisch einander gegenüber Kunsthistorisches und Naturhistorisches Museum liegen.

Das Bild auf der rechten Seite beherrscht der Stephansdom, hinter dessen Turm am Stock-im-Eisen-Platz nach links die Kärntnerstraße und nach rechts oben der Graben abzweigen. Rechts vom Dom, zum Teil vom Schatten des Zeppelins verdunkelt, liegt das Erzbischöfliche Palais, links oben im Bild der vom Barockbau der Hofbibliothek umgebene Josephsplatz, dahinter die Neue Hofburg, von dieser rechts das äußere Burgtor mit dem Heldenplatz, vor diesem die Hofburg und zwischen derem an der hohen Kuppel erkennbaren Michaelertrakt und der Michaelerkirche mit ihrem schlanken Turm der Michaelerplatz.

Die folgende Seite zeigt Schloß und Schloßpark Schönbrunn von der Gondel des Luftschiffes „Graf Zeppelin" aus. In der späten Nachmittagssonne werfen Bäume und Parkbesucher lange Schatten. Schon zu Zeiten der Monarchie ist der Park stets für die Bevölkerung zugänglich gewesen. Das Schloß wurde von dem Barockbaumeister Fischer von Erlach erbaut und erhielt in der Regierungszeit der Kaiserin Maria Theresia seine jetzige Gestalt. Mozart hat hier als Knabe vor der Kaiserin musiziert, Napoleon benutzte es als Hauptquartier. Am oberen Bildrand ist erkennbar der Haupteingang mit der Wache.

1831

Das Bild auf der vorhergehenden Seite wurde während der Zeppelinfahrt über den Semmeringpaß aufgenommen, der Niederösterreich mit der Steiermark verbindet. Am Hang liegt der große Bau des Hotels Panhans. Die 1848–54 erbaute Semmeringbahn war die erste Eisenbahnlinie, die einen Alpenpaß überquerte. Vorn erkennt man die Einfahrt in den Tunnel, in dessen Mitte in neunhundert Meter Höhe der Scheitelpunkt der Strecke liegt.

Das Bild links zeigt vom Zeppelin aus Graz, die von der Mur durchflossene Hauptstadt der Steiermark. Links liegt vom hohen Glockenturm gekrönt und mit dem berühmten Uhrturm an seiner rechten Kante der Schloßberg, hinter ihm die Altstadt mit dem

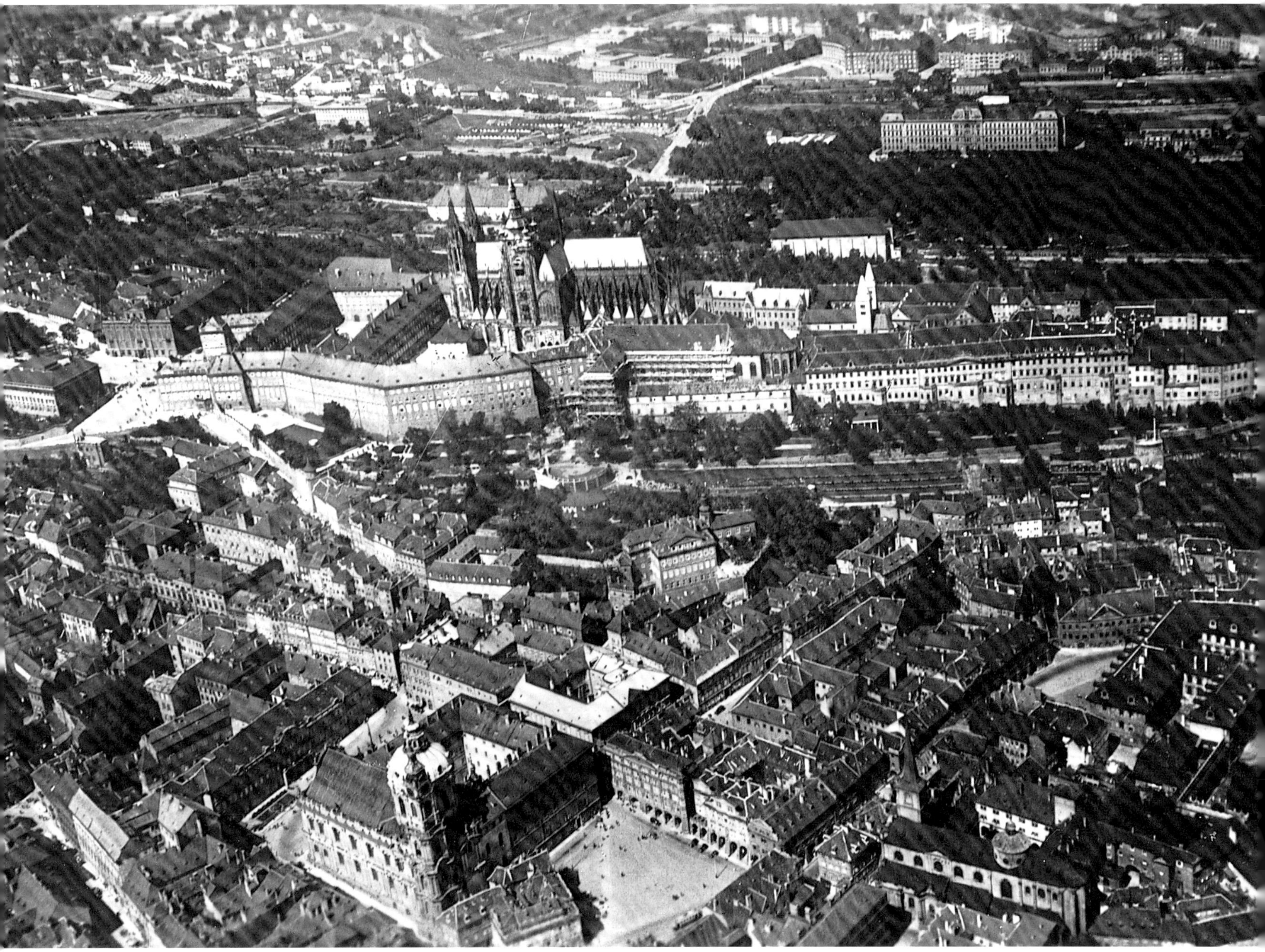

Rathaus. Vorn führt die Keplerbrücke über den Fluß, es folgen die Hauptbrücke, die Tegetthoffbrücke und noch weiter im Hintergrund die Radetzkybrücke.

Die links abgebildete Aufnahme aus dem Zeppelin auf die in unmittelbarer Nähe der österreichischen Grenze gelegene alte ungarische Stadt Ödenburg wurde im Jahre 1929 gemacht. Deutlich ist der noch ganz unveränderte mittelalterliche Stadtkern zu erkennen; nur an die Stelle der Stadtmauer und des Festungsgrabens trat im 19. Jahrhundert die breite, die Stadt umrandende Ringstraße. In der Mitte sieht man die aus dem 13. Jahrhundert stammende Michaelerkirche, im Vordergrund den Stadtturm.

Auf dem Bild oben erscheint Prag, die Hauptstadt der damals noch jungen Tschechoslowakei, im Jahre 1929. Die Höhe im Hintergrund ist der Hradschin, wo einst die böhmischen Könige und Thomas Masaryk, Gründer und erster Präsident der Republik, residierten. Auf dem Hradschin liegt, vom linken Bildrand halb versteckt, das Schwarzenberg-Palais, durch den Hradschiner Platz vom dahinter gelegenen Erzbischöflichen Palais getrennt. Weiter rechts auf der Ostseite des Hradschiner Platzes erheben sich die ausgedehnten Bauten der Burg, die von Kaiser Karl IV. begonnen und unter Maria Theresia im 18. Jahrhundert vollendet wurden. Rechts neben dem Viereck der Burg steht der hohe St. Veitsdom, weiter rechts die kleinere romanische St. Georgskirche und ganz rechts, am Bildrand beginnend, das Palais Lobkowitz. Darunter im Vordergrund dehnen sich links der Moldau die Häuser der Kleinseite.

Das Bild unten wurde 1929 während einer Balkanreise des „Graf Zeppelin" über der rumänischen Hauptstadt Bukarest aufgenommen. Im Vordergrund liegt in einem großen Park das Schloß Cotroceni, damals Sitz von König Carol II. aus dem deutschen Fürstenhaus Hohenzollern. Es regierte dort seit 1861 die beiden sogenannten Donaufürstentümer Moldau und Walachei, die nach jahrhundertelanger türkischer und vorübergehend auch österreichischer und russischer Herrschaft selbständig geworden waren und 1878 zum unabhängigen Staat Rumänien vereint wurden. Nach dem letzten Krieg war er sowjetisch besetzt und Volksdemokratie, zuletzt unter dem in Bukarest residierenden und 1989 hingerichteten Diktator Ceauşescu.

Die Aufnahme rechts von der bulgarischen Hauptstadt Sofia entstand während einer Balkanreise des „Graf Zeppelin" ebenfalls im Jahre 1929. Der Schatten des Luftschiffes liegt auf den Parlamentsgebäude vorn, im Hintergrund dahinter breitet sich der Alexander-Newskij-Platz mit der zwischen 1904 und 1912 erbauten orthodoxen Kathedrale gleichen Namens. Schon in vorchristlicher Zeit Zentrum der Thraker und unter den Römern Hauptstadt ihrer Provinz Thrakien, wurde Sofia im 5. Jahrhundert von den Hunnen erobert, mit denen die Reiternomaden der Bulgaren kamen, hier seßhaft blieben, unter dem Einfluß von Byzanz orthodoxe Christen wurden und dann seit Ende des 14. Jahrhunderts wie die Rumänen zum Türkischen Reich gehörten. Auch sie wurden im letzten Jahrhundert unabhängig und verloren an der Seite Deutschlands beide Weltkriege.

Im Ersten Weltkrieg gab es eine deutsche Zeppelinstation im bulgarischen Jambol. Von hier wurde im November 1917 mit dem Marineluftschiff L 59 eine Versorgungsfahrt zur Kolonie Ostafrika gestartet. Man ging über Westtürkei, Mittelmeer und afrikanische Küste nach Süden, mußte aber ohne zu landen auf mehr als halbem Wege über der Wüste umkehren, da die deutschen Kolonialtruppen inzwischen vor den Engländern kapituliert hatten. Doch erwies diese Fahrt mit 95 Stunden Dauer sich als praktischer Bewährungstest für den nach dem Kriege einsetzenden transatlantischen Passagierverkehr der Zeppeline.

Der Isthmus, die schmale Landbrücke vom griechischen Festland zur Halbinsel Peleponnes, war schon im Altertum von erheblicher verkehrs- und handelspolitischer Bedeutung und führte hier früh zu Gründung und Wohlstand der Hafenstadt Korinth. Die nur sechs Kilometer breite Enge durch einen Kanal zu trennen und dadurch Ägäis und Ionisches Meer durch eine Schiffahrtsstraße zu verbinden, planten bereits die Römer unter Kaiser Nero. Erst 1883 geschah mit dem Kanal von Korinth der Durchstich ohne Schleusen. Die „Graf Zeppelin" berührte ihn auf der Rückfahrt von Ägypten am frühen Morgen des 27. März 1929 bei trübem Wetter, wie die Aufnahme rechts von der Osteinfahrt mit den beiden Molen bei Isthmia zeigt.

Im März 1929 unternahm das Luftschiff „Graf Zeppelin" seine erste Orientfahrt nach dem britischen Mandatsgebiet Palästina, dem heutigen Israel. Und im April 1931 fand eine Fahrt nach Ägypten statt, auf der auch Jerusalem berührt und über der Grabeskirche das oben wiedergegebene Photo gemacht wurde. Die Motoren wurden abgestellt, und das Schiff schwebte einige Minuten lang gestoppt in hundert Metern Höhe über der Kirche. Auf dem Bilde ist sie rechts mit ihrer großen Kuppel zu erkennen, von den Dächern schaut die Bevölkerung zum Zeppelin empor.

Am Tag zuvor hatte man in Ägypten kurz vor Sonnenuntergang die Pyramiden passiert und war das Niltal entlanggefahren, wobei die Aufnahme links entstand.

Die Aufnahme rechts machte Kapitän Hans von Schiller am Nachmittag des 10. April 1931 über Kairo. Vor der berühmten Alabastermoschee ist der Schatten des Luftschiffes zu erkennen. Ägypten, wo damals König Fuad regierte, stand noch unter starkem englischen Einfluß. So stellte auch bei der Zwischenlandung des Zeppelins auf dem Flugplatz Almaza bei Kairo ein Kommando der britischen Fliegergruppe die Landemannschaften. Hier drängten sich 30 000 Zuschauer, um Landung und Aufstieg des Zeppelins zu erleben.

Das Bild unten zeigt im Vordergrund die zweieinhalbtausend Jahre vor Christus erbaute Pyramide des Pharaos Cheops und dahinter die seines Sohnes Chephren. Dahinter beginnt die Libysche Wüste.

Auch Rom ist etliche Male vom Luftschiff „Graf Zeppelin" überflogen worden, so während der Orientfahrt im März 1929 und am 30. Mai 1933.

In Italien herrschte zu dieser Zeit der Faschismus, und Anlaß war ein Staatsbesuch des deutschen Ministers Goebbels beim Duce Mussolini und dem italienischen König Viktor Emanuel III.

Von dem pompösen Nationaldenkmal für dessen gleichnamigen Großvater wurde damals aus dem Bordfenster die links wiedergegebene Aufnahme gemacht. Hinter der linken Ecke des Denkmals erkennt man den Serverus-Bogen, in der Mitte hinter dem Denkmal Capitol und Konservatorenpalast, hinter denen sich links am oberen Bildrand entlang das Forum Romanum, der Marktplatz des antiken Rom, ausdehnt.

Auf dem Bilde links oben vom gleichen Tag liegt im Vordergrund der dunkle, zum Teil von Bäumen bestandene Palatin mit den Ruinen der antiken Kaiserpaläste. Hinter ihm sieht man das Kolosseum, von diesem breitet sich hinter dem Palatin nach links vorn das Forum Romanum aus. Auf diesem erkennt man die drei dunklen Bogen der Konstantinsbasilika, rechts von dieser, mit quadratischem Glockenturm, die Kirche Santa Maria Nova.

Das Bild oben stammt vom 25. März 1929. Es zeigt links die Peterskirche, rechts davor den großen runden Petersplatz mit seinen Kolonnaden und den sich links oben anschließenden Gebäuden des Vatikans, damals Sitz des Papstes Pius XI.

Den unweit Roms am Tyrrhenischen Meer gelegenen alten Hafen Civitavecchia zeigt das am Mai 1933 aufgenommene Bild unten. Vorn links auf dem Wasser ist noch der Schatten des Zeppelins zu erkennen, dahinter liegen zahlreiche Dampfer und ein Bagger im inneren Hafenbecken, an dessen Ende das mittelalterliche Kastell Sangallo e Michelangelo steht.

Auf dem Bild oben sieht man den auch heute noch unverändert mit seiner grünen Rasenfläche daliegenden Domplatz von Pisa, im Vordergrund das Baptisterium, dahinter den Dom und hinter diesem den Campanile, den weltberühmten Schiefen Turm.

Das Bild rechts wurde bei stürmischen Wetter über der Bucht von Viareggio an der ligurischen Küste aufgenommen. In der Mitte erkennt man die lange Mole vor dem Hafen, dahinter den Badestrand, und ganz im Hintergrund unter treibenden Wolken die Apuanischen Alpen.

„Graf Zeppelin" hat seit 1929 mehrere Spanienreisen unternommen, und auch die späteren Südamerikafahrten nahmen ihren Kurs an der spanischen Mittelmeerküste entlang zum Atlantik. Die erste Rundfahrt Ende April 1929 führte von Friedrichshafen aus über Basel durch Frankreich nach Bordeaux, von dort durch die Biskaya zum Kap Finisterre und weiter südlich über Lissabon nach Gibraltar und Tanger und von hier über Barcelona und Marseille heimwärts.

1930 machte das Luftschiff eine Reise aus Anlaß der damals in Barcelona stattfindenden Weltausstellung. Das Bild unten gibt einen Überblick über das Gelände der Schau. Ganz im Vordergrund sieht man Messehallen, dahinter den Nationalpalast mit dem Museum für Alte Kunst, hinter diesem das Stadion, rechts davon wiederum Ausstellungshallen und im Hintergrund das Mittelmeer. Der Besuch des Zeppelins, der dort landete, erregte großes Aufsehen, auch der spanische König Alfons kam zur Besichtigung an Bord.

Auf dem damals in Barcelona photographierten Bild rechts befindet sich die orginelle, Elemente des pompösen Zeitalters und des Jugendstils verbindende Kirche Sagrada Familia im Bau, die zu den berühmtesten Zeugnissen moderner Architektur zählt.

Das Bild oben zeigt Malaga vom Zeppelin aus im Jahre 1930. Links fließt der Rio Guadalmedina von den Bergen her zum Mittelmeer. Von der Tetuan-Brücke führt von links durch den Vordergrund der mit Bäumen bestandene Paseo de la Alameda, hinter dem die Altstadt liegt. Rechts erhebt sich die Kathedrale, die 1487 durch den Umbau der Moschee ihre Gestalt erhielt.

Der Felsen von Gibraltar war der letzte Punkt Europas, der auf den Südamerikafahrten berührt wurde. Mit den davorliegenden Befestigungen, die die Meeresstraße zwischen Atlantik und Mittelmeer beherrschen, und der sprichwörtlichen Wolke, die meist über ihm steht, erscheint er auf dem im Vorbeifahren aus dem Zeppelin aufgenommenen Bild rechts.

Auf dem afrikanischen Ufer der Straße von Gibraltar liegt die marokkanische Stadt Tanger, die schon in der Antike ein bedeutender Hafen am Ausgang zum Atlantik war. Als 1930 aus dem Zeppelin das rechts wiedergegebene Luftbild von ihr entstand, war sie seit dem Marokko-Vertrag von 1912, ähnlich wie Danzig, eine internationale Stadt. Seit 1956 gehört sie wieder zu Marokko.

Die Route nach Südamerika führte von Marokko aus weiter über die Insel Madeira, von deren felsiger Küste die unten wiedergegebene Aufnahme stammt, und dann weiter über die Kanarischen Inseln.

Die Stadt Las Palmas auf der Hauptinsel Gran Canaria zeigt das Bild oben. In diesem Gebiet setzte meist der Nord-Ost-Passat ein, den Zeppeline ebenso wie die Windjammer der Segelschiffzeit als Schubkraft zu nutzen wußten. Im Passat erreichte „Graf Zeppelin" mit vier Motoren bis zu 140 Stundenkilometer Durchschnittsgeschwindigkeit.

Weiter ging es über die noch zu Afrika gehörenden Kapverdischen Inseln, von denen aus die eigentliche Überquerung des Südatlantiks begann.

Auf hoher See begegnete man oft Passagierschiffen, die auf gleichem Kurs waren und dann meist von oben photographiert wurden, wie der Dampfer „General Osorio" der Hamburg-Amerika Linie links.

Auch große Frachtsegler sah man noch auf See, als die Zeppeline fuhren, hochgetakelte Barken und Vollschiffe. Einer dieser aus dem über ihm dahinschwebenden Luftschiff aufgenommenen Windjammer ist auf dem oberen Bild zu sehen.

Etwa fünfzehn Stunden nach den Kanaren überflog man den noch mitten im Atlantik liegenden, aber bereits brasilianischen, nur mit einem Leuchtturm bebauten Felsen von St. Paul, den die Aufnahme links oben zeigt. Etwas südlich des Felsens wurde der Äquator passiert, und hier fand regelmäßig wie auf Segelschiffen auch in der Luft eine Äquatortaufe statt, die jedoch nicht Neptun, der Gott des Meeres, vornahm, sondern Äolus, der Gott der Winde.

Als nächstes wurde die Insel Fernando de Noronha passiert, ehe der Zeppelin bei Recife die südamerikanische Küste mit ihrer lang an den Sandstrand heranrollenden Brandung erreichte. Die Aufnahme links hält fest, wie „Graf Zeppelin" von See kommend über der Stadt erscheint, das Bild rechts einen Blick von Bord auf den zwischen Recife und der brasilianischen Hauptstadt Rio de Janeiro gelegenen Atlantikhafen Bahia.

In Rio de Janeiro, dem Endpunkt der Südamerikareisen, das damals vor der Gründung von Brasilia noch Hauptstadt Brasiliens war, besaß die Zeppelin-Reederei einen eigenen Stützpunkt mit festem Ankermast und Luftschiffhalle. Das Bild links oben zeigt die Stadt vom „Graf Zeppelin" aus gesehen mit der heute von Hochhäusern umstandenen Bucht von Botafogo und dem berühmten Zuckerhut-Felsen im Hintergrund.

Der Rückflug geschah an der Küste entlang wieder über Recife, wo zwischengelandet wurde und ebenfalls wie auf der europäischen Seite in Sevilla am Endpunkt der Überseestrecke ein Stützpunkt mit Ankermast bestand.

Fernando do Noronha im Altantik nördlich von Recife zeigt die Aufnahme in der Mitte links. Steil ragt auf dieser Basaltinsel, deren Plateau etwa hundert Meter über dem Meer liegt, die „Daumen Gottes" genannte Felsnadel empor.

Auf dem Bild unten geht der Blick vom Zeppelin auf den Azorenhafen Angra do Heroismo mit der vor ihm liegenden Ziegeninsel.

Während einer Mittelmeerfahrt wurde am 24. April 1929 die rechts oben abgebildete Aufnahme der portugiesischen Hauptstadt Lissabon gemacht. In der Mitte liegt an dem vom Schatten des „Graf Zeppelin" bedeckten Ufer der Tejobucht die Praça do Comercio. Auf dieser Fläche stand das 1755 durch das große Erdbeben mit fast der ganzen Stadt zerstörte mittelalterliche königliche Schloß. Der Wiederaufbau schuf die dahinter liegende zentrale Cidada Baixe, die Untere Stadt, mit den drei von hier ausgehenden parallelen Hauptstraßen, durch den Arco Monumentale in der Mitte die Rua Augusta, bis zur Praça Dom Pedro IV Rossio mit dem Nationaltheater Donna Maria II rechts am oberen Bildrand. Vom Arco Monumentale verläuft nach links die Rua do Arsenal, an der man mit der Ecke zur Praça do Municipio das Rathaus sieht und gegenüber zwischen Straße und Ufer die Anlagen des Marinearsenals.

Nur fünf Stunden nach Lissabon passierte der Zeppelin die spanische Hafenstadt Sevilla am Guadalquivir, die auf dem damals gemachten Photo rechts zu sehen ist. In der Mitte unweit des Flusses liegt die markante kreisrunde Corrida, die Stierkampfarena, etwas dahinter das baumbestandene Rechteck der Plaza de San Fernando mit dem Avulamento, dem Stadthaus, und von dort aus weiter rechts der große Komplex von Casa Longa und dem weltberühmtem Alkazar mit seinen Gärten sowie der Kathedrale mit dem hohen Glockenturm. Hier am Stromufer der Stadt landete 1493 Columbus, von seiner Entdeckung Amerikas rückkehrend, wieder auf europäischem Boden.

Das Bild unten zeigt eine der eindrucksvollsten aus dem Zeppelin gemachten Photographien. Sie entstand über dem nordspanischen Wallfahrtsort Santiago de Compostela. Der Schatten des Luftschiffs bedeckt einen Teil der Kathedrale und die weiträumige Plaza del Hospital. Neben der Grabeskirche Jesu in Jerusalem war das Grab des Apostels Jakobus, des Heiligen Jakob (spanisch Santiago), hier in der Kathedrale die bedeutendste Pilgerstätte der Christenheit. Pilgerwege und ihre genauen Beschreibungen etwa von Island hierher, sind schon aus dem Mittelalter bekannt, wie auch die typische Pilgertracht mit langem Pilgerstab und aufgenähten Jakobsmuscheln, die deswegen ihren Namen haben.

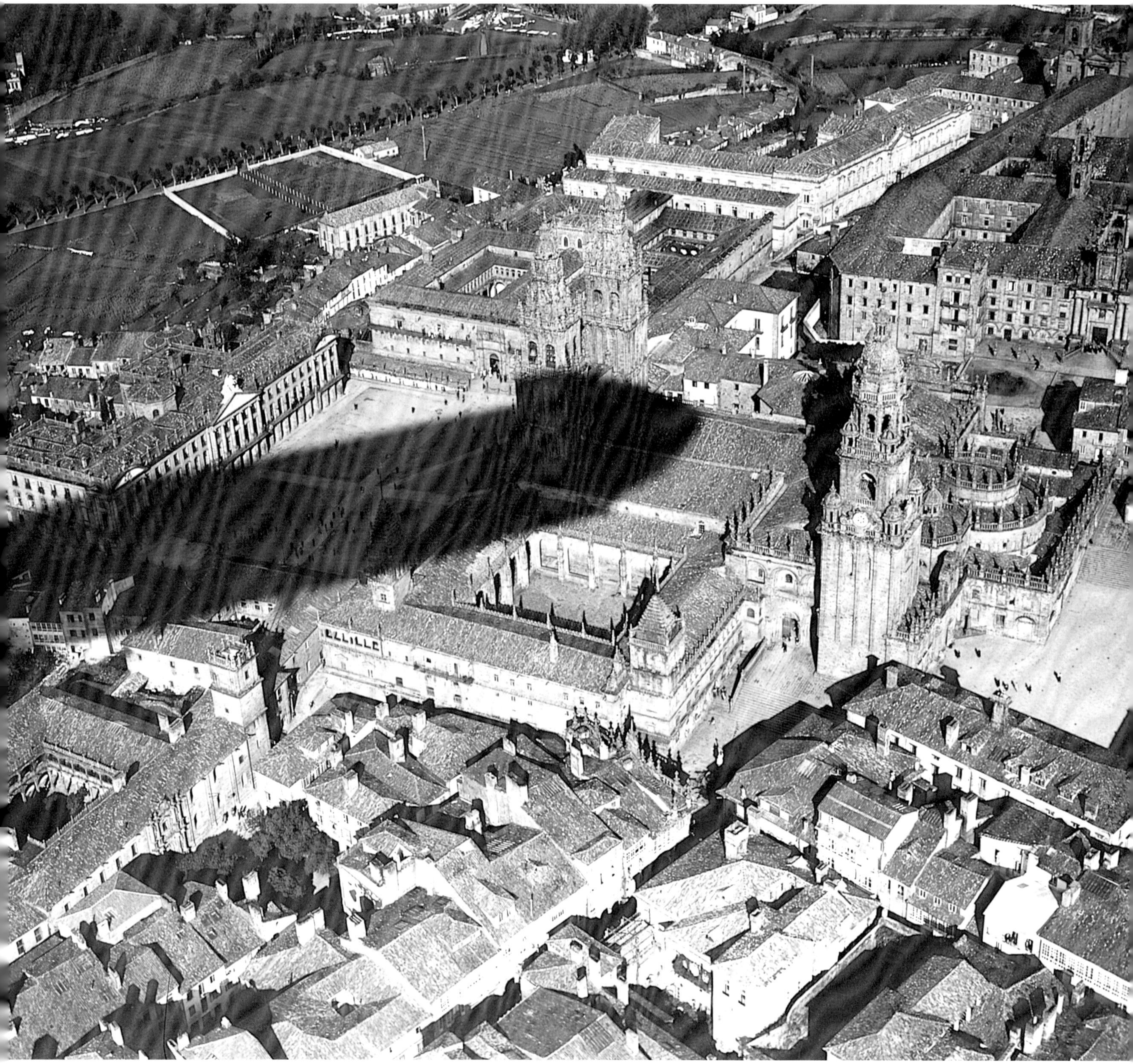

Während einer Englandfahrt des „Graf Zeppelin" im August 1931 wurden die Bilder auf dieser Seite aufgenommen. Die englische Kanalküste erreichte man, von Friedrichshafen über Frankreich kommend, in Eastbourne. Auf der Weiterfahrt nach London wurde das ebenfalls am Ärmelkanal liegende Seebad Brighton überflogen, wobei das Photo oben entstand, und vor der Landung auf dem Flugplatz Hansworth kreiste das Luftschiff über der britischen Hauptstadt.

Die Aufnahme links zeigt einen Blick auf Westminister mit der über die Themse führenden Westminster Bridge und dem Parlamentsgebäude am Ufer. Vor diesem liegt mit ihren Doppeltürmen die gotische Westminister-Kathedrale.

Auf dem Bild links sieht man das Themse-Knie mit dem Londoner Charing-Cross-Bahnhof und dem Savoy Hotel an dessen Front, am linken Rand einen Teil des Trafalgar Square mit der Nelson-Säule und vorn den Admiralty Arch, mit dem die zum Buckingham-Palast führende Mall beginnt.

Das vor der Landung aufgenommene Bild rechts zeigt die Londoner City, mit der damals noch nicht dem Bombenkrieg und der späteren Sanierung zum Opfer gefallenen Bebauung. Links im Vordergrund sieht man die helle Fassade und den Kuppelbau des Old Bailey, des Obersten Britischen Kriminalgerichtes. Von vorn rechts führt die Fleet Street, Zentrum des Zeitungsviertels, auf die St. Pauls-Katherale zu. Nach hinten schließt sich die Cannon Street an, hinter deren Ende ist im Dunst der Tower zu sehen. Rechts von diesem führt die an ihren Türmen erkennbare Tower-Bridge über die Themse. Davor liegt die heute durch eine neue Brücke ersetzte, aus dem Anfang des 19. Jahrhunderts stammende alte London Bridge, davor die zum Bahnhof Cannon Street führende Eisenbahnbrücke und ganz vorn die Southwark Bridge. Links vorn vom Rand her kommend verläuft der Straßenzug von Newgate bis zur Kirche St. Martin Le Grand, von hier führen nach einem Knick Cheapside und Poultry nach oben unmittelbar auf das Eckgebäude der Börse zu. Links davon sieht man Giebel und Säulen der Bank von England.

BOVRIL

Die Luftaufnahme oben zeigt den Tower, die uralte Londoner Stadtbefestigung am Themseufer mit der Tower Bridge dahinter. Links sieht man einen Teil der St. Catherine Docks.

Von einer Reise des „Graf Zeppelin" nach Holland aus dem Jahre 1929 stammen die nächsten Aufnahmen.

Das Bild links gibt einen Blick auf die von unzähligen Gräben und Wasserläufen durchzogene, einst dem Meere abgerungene nordholländische Landschaft Waterland wieder.

Das Bild rechts zeigt Utrecht, die schon von den Römern gegründete holländische Stadt. In der Mitte steht die seit dem Einsturz des Langhauses im 17. Jahrhundert von ihrem Turm getrennte Kathedrale, rechts hinter ihr erkennt man die Peterskirche, links vorn die Jakobikirche.

Auf dem Bild unten sieht man aus dem Zeppelin die Hafenanlagen in Rotterdam, das damals schon wie heute einer der größten Häfen der Welt war. Die Altstadt wurde 1940 durch einen deutschen Luftangriff vernichtet und nach dem Krieg neu wieder erbaut.

Die folgende Doppelseite zeigt den Damm, das Zentrum von Amsterdam, am 5. Juli 1930, bevölkert von Menschen, die zum Zeppelin emporschauen. Links sieht man das Königliche Palais, darüber die Nieuwe Kerk, rechts oben die Börse.

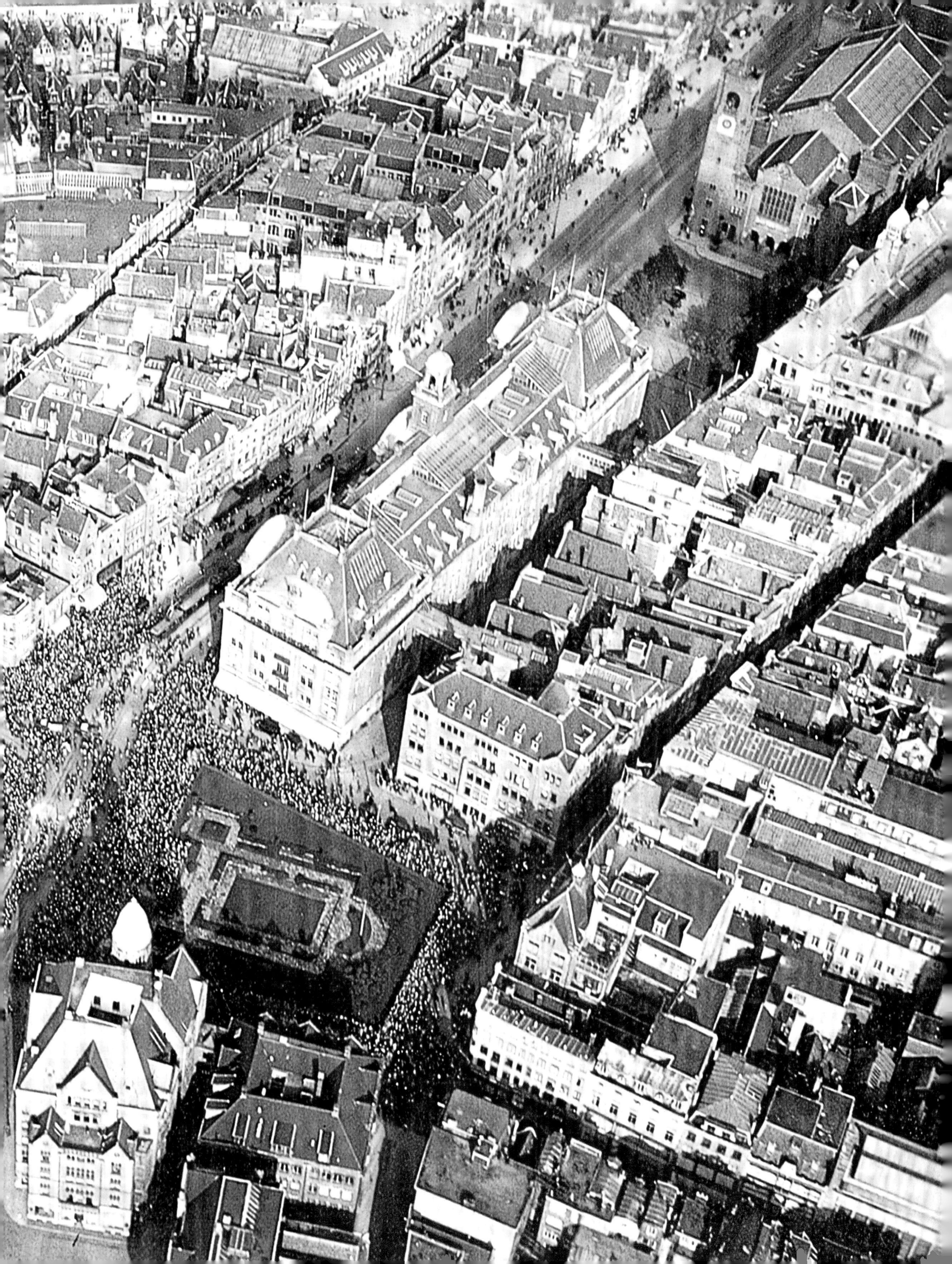

Die Aufnahmen von Kopenhagen auf dieser Seite wurden im Jahre 1929 vom Luftschiff „Graf Zeppelin" aus gemacht. Das Bild oben zeigt das Schloß Christiansborg, an das sich nach rechts vorn mit flacher Kuppel der klassizistische Bau der Schloßkirche anschließt, hinter dieser liegt das Thorvaldsen-Museum. Im Hintergrund führt die Lange Brücke hinüber zur Insel Amager; der Wasserarm ist der alte Hafen der Stadt. Vorn beginnt die Altstadt.

Das Bild links zeigt den Amalienborg genannten achteckigen Kopenhagener Platz, der von vier gleichen Palästen des 18. Jahrhunderts umsäumt wird. Der links oben gelegene war damals das Stadtschloß des Königs Christian X., heute wird es von Königin Margarethe und ihrer Familie bewohnt.

Egersund, rechts in einer Aufnahme aus dem Zeppelin wiedergegeben, ist eine kleine Hafenstadt im Südwesten Norwegens. Die Häuser sind fast ausnahmslos aus Holz erbaut, am Ufer des hier von der Natur gebildeten Hafens stehen die bunten Lagerhäuser, an denen Fischkutter und Küstenfahrzeuge festgemacht haben.

Einen Blick auf die von Schären und Fjorden durchzogene Landschaft der nordnorwegischen Küste zeigt das Bild unten, aufgenommen im Gegenlicht der Mitternachtssonne von Bord des Luftschiffes „Graf Zeppelin".

Bergen, die norwegische Hafenstadt, einst Niederlassung der Hanse, zeigt das am 9. Juli 1930 vom „Graf Zeppelin" aus aufgenommene Bild links. Im Hintergrund liegt der Berg Flöien, zu dem eine Bergbahn hinaufführt.

Hammerfest in Nordnorwegen, die nördlichste Stadt der Welt, wurde am Mittag des nächsten Tages vom „Graf Zeppelin" überflogen und von Bord aus die oben wiedergegebene Luftaufnahme gemacht.

Beim Passieren der Bäreninsel auf 74 Grad nördlicher Breite entstand das nebenstehende Bild von ihren steil zum Meer abfallenden Südklippen. Als Spitzbergen in Sicht kam, stieg Nebel auf, was häufig im Polargebiet der Fall ist, und man nahm Kurs zur Heimfahrt.

Auch Island wurde bei Nordlandfahrten des Zeppelin berührt. Das Bild links zeigt die Hauptstadt Reykjavik auf einer Luftaufnahme aus dem Jahre 1930. Erst während der Besetzung ihres Landes durch die Amerikaner im letzten Kriege erklärten sich die von vor tausend Jahren aus Norwegen eingewanderten Wikingern abstammenden Isländer als selbständig. Jahrhundertelang waren sie bis dahin in Personalunion mit Norwegen und Dänemark verbunden. Heute leben 200 000 Einwohner auf der Insel, ein Fünftel davon allein in Reykjavik.

Von dem 878 Meter steil zum Meer abfallenden Vestrahorn auf der Halbinsel Stokksen an der isländischen Ostküste wurde während der Vorbeifahrt aus der „Graf Zeppelin" die Aufnahme unten gemacht.

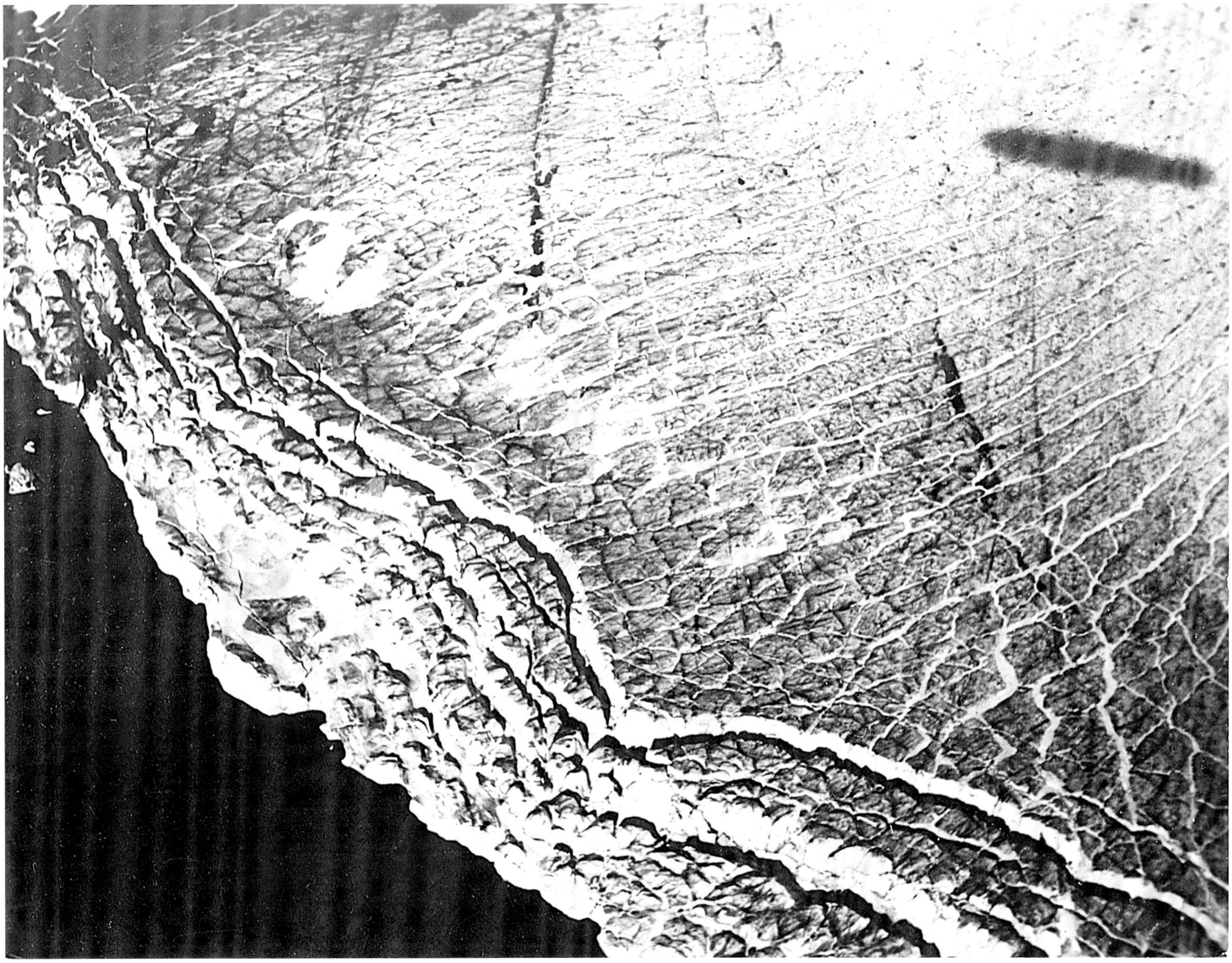

Während der großen Arktisfahrt des „Graf Zeppelin", die im Juli 1931 im Rahmen des internationalen wissenschaftlichen Polarjahres unternommen wurde, machte Kapitän von Schiller die oben wiedergegebene Aufnahme über der russischen Eismeerinselgruppe Nowaja Semlja. Hier ist der Zeitpunkt festgehalten, in dem die mit Moränenschutt bedeckte riesige Gletscherzunge zum Meer hin abbricht und zum schwimmenden Eisberg wird. Der auf den Gletscher fallende Schatten des Zeppelins, der 237 Meter lang ist, gibt eine Vorstellung von den Größenverhältnissen.

Auf dem Bilde rechts überfliegt „Graf Zeppelin" den nordrussischen Weißmeerhafen Archangelsk, an dessen Kais Frachtdampfer liegen, um das hier in riesigen Stapeln lagernde Holz zu laden.

Das Bild oben zeigt eine am 25. Juli 1931 vom „Graf Zeppelin" aus photographierte Ansicht von Reval oder Tallinn, der Hauptstadt des damals noch und heute wieder selbständigen baltischen Staates Estland. Der Kern der im 13. Jahrhundert von Deutschen gegründeten ehemaligen Hansestadt, wie er hier erscheint, hat trotz etlicher Brände und inzwischen beseitigter Kriegsschäden viel von seinem mittelalterlichen Charakter bewahrt.

Der Peipus-See und die aus diesem ausfließende Narowa bilden die Grenze zwischen Estland und Rußland. Am Ufer der Narowa liegt die russische Stadt Narwa mit ihren alten Festungswerken, die das am Nachmittag des 25. Juli 1931 aufgenommene links reproduzierte Luftbild zeigt.

Das rechts wiedergegebene Luftbild vom damaligen Leningrad, heute wieder wie zur Zarenzeit St. Petersburg geheißen, mit dem an der Newa gelegenen Winterpalais wurde während der Arktisfahrt des „Graf Zeppelin" nach einer hier erfolgten Zwischenlandung am Morgen des 26. Juli 1931 aufgenommen.

Das Photo unten wurde am 10. September 1930 bei einem Besuch des Luftschiffes über Moskau gemacht. Nach zweistündigem Kreuzen über der sowjetischen Hauptstadt landete das Luftschiff auf dem Landeplatz Chodynkafeld mit der Hilfe von zweihundert hierfür geschulten Rotarmisten. Im Vordergrund des Bildes fließt die Moskwa, dahinter erhebt sich das von Mauern umsäumte breite Dreieck des Kreml.

Am frühen Morgen des 15. August 1929 stieg das Luftschiff „Graf Zeppelin" unter Führung von Dr. Eckener in Friedrichshafen zu seiner aufsehenerregenden Weltreise auf. Sie war zum großen Teil finanziert durch Luftpostbriefe mit Sondermarken und -stempeln für Briefmarkensammler und durch den amerikanischen Zeitungskönig Hearst. So waren denn die zwanzig mitreisenden Passagiere zum großen Teil Reporter. Über Berlin ging die Fahrt nördlich von Moskau zum Ural und dann quer durch Sibirien zur pazifischen Küste.

Das obere Bild wurde unterwegs beim Überfliegen des sibirischen Stromes Jenissei aufgenommen, das Bild darunter zeigt die Stadt Irkutsk am Baikalsee, der hier außerhalb des Blickfeldes liegt.

Bei Port Ayan wurde am 18. August der Pazifik erreicht und am Morgen des nächsten Tages die Küste Japans. Die Aufnahme unten zeigt ein wenig später passiertes japanisches Fischerdorf.

Am Nachmittag wurden Tokio und die Bucht von Yokohama erreicht, und um 18.24 Uhr erfolgte dort nach fast 102stündigem Nonstopflug über 11 247 Kilometer seit Friedrichshafen die Landung.

Journalisten vermerkten damals, daß dies einer Reisedauer zwischen Berlin und Tokio von knapp 94 Stunden entsprach oder etwas weniger als vier Tagen. Für die gleiche Strecke brauchte man auf dem damals schnellsten Reiseweg mit der transsibirischen Eisenbahn zwei ganze Wochen, mit dem Schiff über Suez sechs Wochen.

Die Überquerung des Pazifiks geschah von Yokohama nach San Francisco. Am 25. August kündete, wie einst bei Columbus, eine Möwe das Nahen der amerikanischen Küste an, die dann am Nachmittag in Sicht kam. Um 16.00 Uhr fuhr das Luftschiff eine große Schleife über San Francisco, begleitet von einem Schwarm grüßender amerikanischer Flugzeuge. Bei hellem Mondlicht überflog man in der Nacht Hollywood und landete dann in aller Frühe auf dem Flugplatz bei Los Angeles. Die zweite Etappe der Weltfahrt war beendet, die Pazifikpassage von Tokio bis San Francisco hatte 66 Stunden und 45 Minuten gedauert. Die Durchschnittsgeschwindigkeit während dieser gesamten 9653 Kilometer langen Fahrt betrug 122 Stundenkilometer.

Nach dem Wiederaufstieg folgte „Graf Zeppelin" zunächst südöstlich der Küste und überwand dann bei schwerem Wetter und Gegenwind die Rocky Mountains.

Man passierte El Paso am Oberlauf des Rio Grande del Norte, der die Grenze zwischen Mexiko und den Vereinigten Staaten bildet. Dort entstand das links reproduzierte Luftbild der Stadt mit dem Schatten des Zeppelins unweit des Flusses.

Dann nahm man nördlichen Kurs auf Chicago, wo von einem über dem Luftschiff fliegenden Flugzeug aus die unten abgebildete Aufnahme gemacht wurde.

Am Morgen des 29. August 1929 umfuhr „Graf Zeppelin" früh um 6.40 Uhr die Freiheitsstatue in New York und landete eine halbe Stunde danach in Lakehurst.

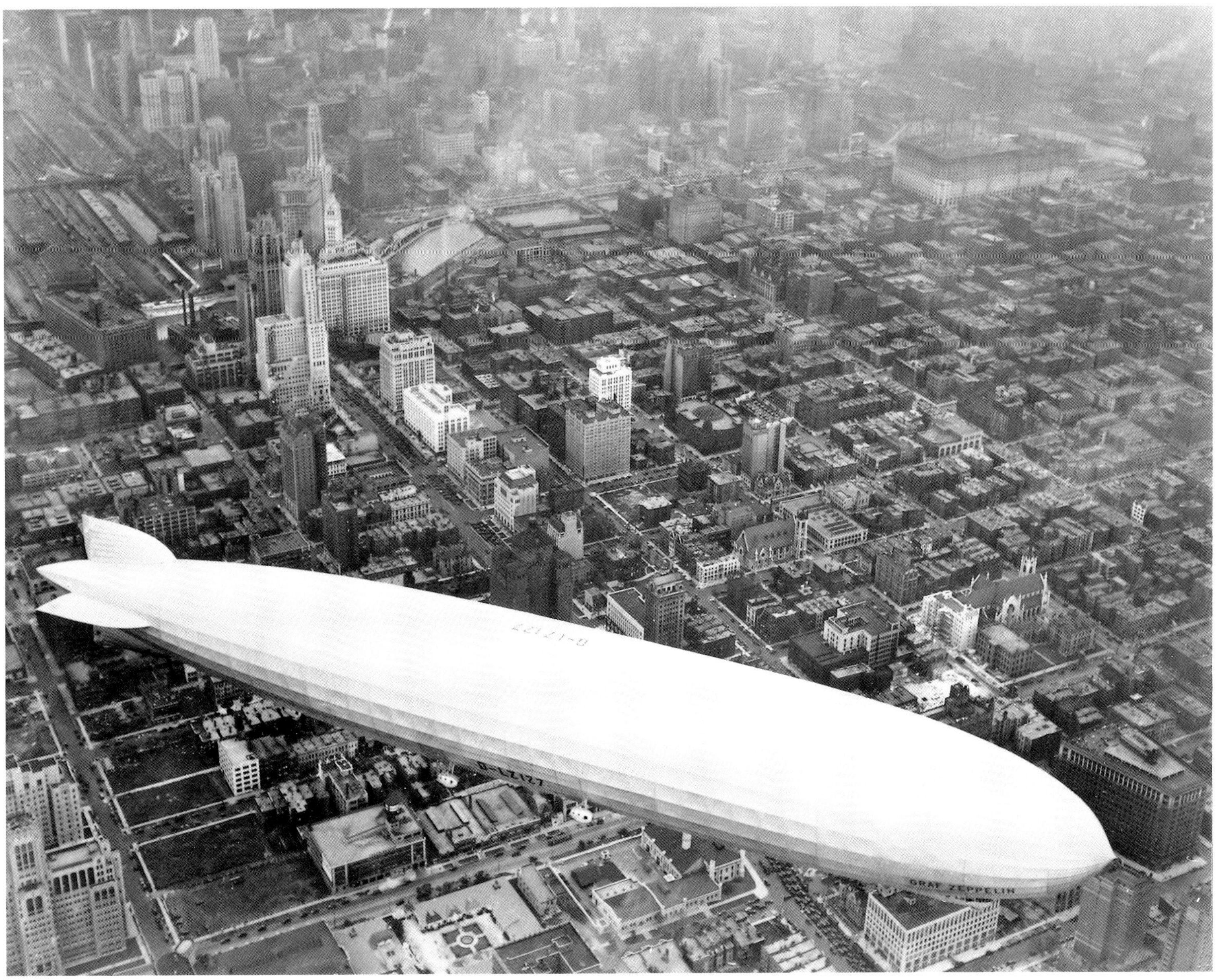

Seine erste Amerikafahrt hatte der Zeppelin schon ein Jahr zuvor bald nach seiner Indienststellung unternommen. Über Gibraltar und die Bermudas ging damals die Fahrt. Am 16. Oktober 1928 wurde über Washington die oben wiedergegebene Aufnahme des Capitols gemacht, des zwischen 1793 und 1824 erbauten Parlamentsgebäudes der Vereinigten Staaten, des Sitzes des Kongresses.

Das Bild links entstand am gleichen Tag über Philadelphia, der südlich von New York gelegenen Hafenstadt an der amerikanischen Ostküste. Man sieht die dortigen Dockanlagen der amerikanischen Marine.

Wie sich dann am 15. Oktober 1928 zum ersten Mal von der Gondel des Luftschiffs „Graf Zeppelin" aus die New Yorker Freiheitsstatue zeigte, ist auf dem Bild rechts wiedergegeben. Das Schiff fuhr große Schleifen über Manhattan. Stürmisch war die Begrüßung, die Führungsgondel des Luftschiffes hallte wider vom Jubel der aus den Straßen herauflärmenden Menschen.

Auch das Bild unten mit dem Blick auf die eng nebeneinanderstehenden Wolkenkratzer von Manhattan und den Hudson links im Hintergrund wurde damals vom „Graf Zeppelin" aus aufgenommen.

Der Aufstieg zur letzten Etappe der Weltfahrt, zur Überquerung des Atlantik, erfolgte nach drei Tagen Aufenthalt in New York, und am 4. September 1929 morgens landete „Graf Zeppelin" wieder in Friedrichshafen. Die Reise um die Erde hatte 20 Tage gedauert, von denen mehr als sieben in Häfen verbracht wurden. So hatte die reine Fahrzeit nur 12 Tage, 12 Stunden und 20 Minuten betragen. Es war der damalige Weltrekord. Das Deutsche Reich feierte das Ereignis durch die Sonderprägung von silbernen Dreimarkstücken.

Schon fünf Jahre vorher, am 15. Oktober 1924, war der erste Zeppelin in New York angekommen, das als Kriegsreparationsleistung für die Vereinigten Staaten gebaute Luftschiff ZRIII, das unter dem Namen „Los Angeles" von der amerikanischen Marine übernommen wurde und bis in die Dreißiger Jahre in Dienst war. Aus dieser Zeit stammt die nebenstehende Aufnahme. Man sieht es über Manhattan schweben, mit der Spitze scheinbar die Spitze des Empire State Building berührend, das gerade seit 1931 den dreihundert Meter hohen Eiffelturm als welthöchstes Bauwerk um 81 Meter überragte. Vorn führen die Eisenbahngleise unter das General Post Office zur unterirdischen Pennsylvania Station. Im Hintergrund verläuft der East River, den am rechten Bildrand die Manhattan Bridge quert. Etwa unter der Mitte der „Los Angeles" wäre heute die Williamsburg Bridge zu sehen.

Die „Graf Zeppelin" war der „Los Angeles" begegnet, als sie auf ihrer Weltfahrt 1929 zwischen Chicago und New York den Flugplatz von Cleveland passierte, wo das amerikanische Luftschiff der US Navy am Ankermast lag.

U.S.NAVY

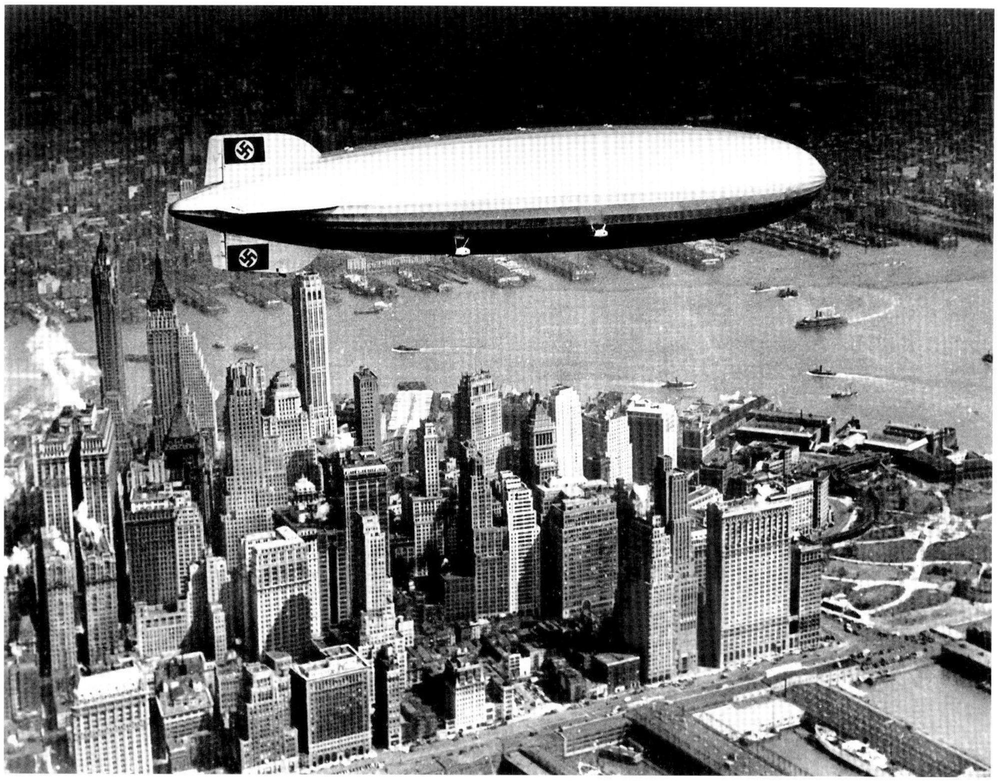

Im März 1936 war das neue Luftschiff „Hindenburg" in Dienst gestellt worden. Schon bald darauf machte es die erste Reise nach New York. Von einem der Flugzeuge aus, die ihm zur Begrüßung entgegengeflogen waren, wurde das nebenstehende Bild über der Downtown von Manhattan aufgenommen, mit Blick auf Wolkenkratzer und den Battery Park unten rechts. In Deutschland war seit drei Jahren Hitler an der Macht, das Hakenkreuz war Nationalflagge und wurde auch am Heck der Zeppeline angebracht, die zuvor weder im Kaiserreich noch in der Weimarer Republik Nationalitätszeichen geführt hatten.

Manhattan erscheint auch auf dem Photo links, das im August 1936 von Bord der „Hindenburg" aus gemacht wurde, mit ihrem Schatten über den Dächern.

Im nächsten Jahr ging sie während der Landung in Lakehurst in Flammen auf, die Hakenkreuze am Heck mit ihr. Das oben wiedergegebene Pressebild, das um die Welt ging, hat die Katastrophe festgehalten.

Als 1929 das Schwesterschiff „Graf Zeppelin" zum ersten Mal hier gelandet war, bedeutete das den Beginn der sich zum regelmäßigen Liniendienst entwickelnden ersten Passagierflugverbindung zwischen Europa und Amerika und damals schnellsten Reisemöglichkeit über den Atlantik. Auf den in diesen Jahren während der Nord- und Südamerikafahrten der Zeppeline gemachten Erfahrungen in Navigation, Meteorologie, Organisation und nicht zuletzt in der Betreuung der Fahrgäste fußt in großem Maße der heutige, längst durch Düsenflugzeuge bewältigte Weltluftverkehr.

Im New Yorker Luftschiffhafen Lakehurst, der nordamerikanischen Basis dieser Pionierflüge, endete am 6. Mai 1937 durch die Explosion des Luftschiffes „Hindenburg" die großartige Epoche der Zeppeline – zu einer Zeit, als bereits abzusehen war, wann Interkontinentalflugzeuge sie vom Himmel verdrängen würden.

Eine Vorstellung davon zu bewahren, wie diese nun historisch gewordene Epoche gewesen ist und wie damals die seitdem nicht unwesentlich veränderte Welt von oben aussah, über die die riesigen silbernen Schiffe dahinschwebten, ist der Zweck dieses Buches.

Bildquellennachweis

Die in diesem Buch reproduzierten Luftaufnahmen sind zwischen 1912 und 1936 während der Fahrten der Zeppeline von Bord aus gemacht worden und stammen zur Hauptsache aus dem Archiv der Luftschiffbau Zeppelin GmbH, außerdem vom Bilderdienst Süddeutscher Verlag (Seiten 25 oben, 126 oben und unten), Stadtarchiv Bochum (Seite 30 oben), Stadtarchiv Dortmund (Seite 30 unten), Niedersächsischen Landesverwaltungsamt, Landesmedienstelle (Seiten 28/29 und 35), von John Provan (Seiten 20 unten links und 47 rechts), der Sächsischen Landesbibliothek, Abteilung Deutsche Fotothek (Seiten 65 und 66), der Staatlichen Landesbildstelle Hamburg (Seiten 41 und 42/43), vom Ullstein Bilderdienst (Seiten 22, 26, 27, 52, 53, 54, 121 unten und 124/125) sowie dem Archiv des Urbes Verlages (Seiten 21 unten und 28 oben links).